実技4科 の総まとめ

JN000689

この本の

この本は，効率よく重要事項が確認できるように，要点を簡潔にまとめてあります。各教科の特性に応じて，図解・表解・写真による説明，例題とくわしい解説で理解しやすいしくみになっています。消えるフィルターを活用し，繰り返し学習して力をつけましょう。

補足説明として，**注意**，**参考**，**発展**などを載せています。

テストでよく問われる内容やアドバイスを入れています。

上にのせると，　　　　　の中の赤い文字が消えます。

☆☆☆ 重要度を3段階で示しています。

・コレ重要・
特に覚えるべき重要項目を載せています。

テストに出る 要点チェック ☑
ミニテストで要点が理解できているか確認できます。

本書に関する最新情報は，小社ホームページにある**本書の「サポート情報」**をご覧ください。(開設していない場合もございます。)
なお，この本の内容についての責任は小社にあり，内容に関するご質問は直接小社におよせください。

CONTENTS｜もくじ

技術・家庭

技術

1	設計・技術開発	4
2	木材	6
3	金属・プラスチック	8
4	製作①	10
5	製作②	12
6	製作③	14
7	製作④	16
8	エネルギーと発電	18
9	電気の利用	20
10	機器の保守点検	22
11	運動の伝達	24
12	生物の育成	26
13	植物の栽培	28
14	コンピュータ技術	30
15	ソフトウェア	32
16	情報処理のしくみ	34
17	通信技術	36
18	プログラム	38

家庭

19	幼児の成長	40
20	幼児の発達	42
21	幼児の生活	44
22	食生活	46
23	栄養素	48
24	献立	50
25	食品の選択	52
26	調理	54
27	調理実習	56
28	調理の技能と食品の知識	58
29	衣生活	60
30	衣服の管理	62
31	住生活	64
32	安全な住まい	66
33	消費生活	68
34	消費と環境	70

保健体育

保健

1	体の各器官の発育と発達	72
2	生殖器の発達	74
3	心の発達と発育	76
4	環境への適応	78
5	衛生的管理	80
6	傷害の要因	82
7	自然災害	84
8	健康の成り立ちと病気	86
9	生活習慣病	88
10	喫煙・飲酒・薬物	90
11	感染症	92

体育			
12	健康であるために		94
13	スポーツとの付き合い方		96
14	体つくり運動・スポーツテスト		98
15	器械運動 ①		100
16	器械運動 ②		102
17	陸上競技 ①		104
18	陸上競技 ②		106
19	水　　泳		108
20	ゴール型球技 ①	バスケットボール	110
21	ゴール型球技 ②	ハンドボール	112
22	ゴール型球技 ③	サッカー	114
23	ネット型球技 ①	バレーボール	116
24	ネット型球技 ②	卓球	118
25	ネット型球技 ③	ソフトテニス	120
26	ネット型球技 ④	バドミントン	122
27	ベースボール型球技	ソフトボール	124
28	武　　道 ①	柔道	126
29	武　　道 ②	剣道	128
30	武　　道 ③	相撲	130
31	ダ　ン　ス		132
32	傷害と応急手当		134

音楽

音楽		
1	音楽の基礎知識 ①	136
2	音楽の基礎知識 ②	138
3	エーデルワイス／浜辺の歌	140
4	赤とんぼ／夏の思い出	142
5	荒城の月／早春賦	144
6	春　－第1楽章－	146
7	魔　王　－Erlkönig－	148
8	帰れソレントへ／ブルタバ（モルダウ）	150
9	筝曲『六段の調』	152
10	花／花の街	154
11	フーガ（小フーガ）ト短調	156
12	交響曲第5番　ハ短調	158
13	歌舞伎『勧進帳』／能『羽衣』	160
14	雅楽『越天楽』	162
15	日本と世界の郷土芸能	164
16	日本と西洋の音楽史	166

美術

美術		
1	色の基礎知識，技法	168
2	スケッチ	170
3	遠近法，動画作品	172
4	文字のデザイン	174
5	ポスター	176
6	土・石で制作する	178
7	木で制作する	180
8	金属で制作する	182
9	日本の伝統美術	184
10	日本の美術史	186
11	世界の美術史	188
12	ピカソとゲルニカ	190

設計・技術開発

1 製作図法とかき方☆☆☆

注意 製作図の特徴

①**キャビネット図**
　立体の正面を正確に表現することができる。

②**等角図**
　立体の辺の割合を変えることなく表現することができる。

③**第三角法による正投影図**
　キャビネット図や等角図では表すことが難しい部品の形なども表現することができる。**工業製品の製図**に使用される。

第三角法はこれでバッチリよ！

① **キャビネット図**…立体の正面を実物と同じにかき，奥行きを表す線を 45°傾けて，実際の長さの 2 分の 1 の割合でかいた図。

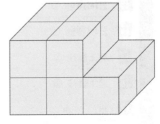

② **等角図**…立体の底面の直角に交わる 2 辺を水平線に対して 30°傾け，立体の縦・横・高さの 3 辺の比率を等しく表してかいた図。

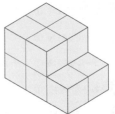

③ **第三角法による正投影図**…立体を透明な 3 つの画面で囲み，各画面に対して正面から見た形をそのまま画面に投影した図。

① 矢印は見る方向
② 展開する
③
  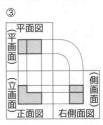

2 製図のきまり ☆☆☆

参考

水平線を引くときは，鉛筆を引く方向に少し傾ける。鉛筆の芯は定規の縁に密着させる。

① **線の種類**

名　称	用　途	太　さ	線　形
実　線 寸法はミリメートルで記入し，単位は入れない。	外形線	太線	——
	寸法線	細線	——
	寸法補助線	細線	——
破　線	かくれ線	細線か太線	-----
一点鎖線	中心線	細線	—·—·—
二点鎖線	想像線	細線	—··—··

① それぞれの製作図の特徴と違いを覚えよう。

② 製作図に用いる線や記号のルールを覚えよう。

③ 持続可能な社会とはどのようなものか理解しよう。

参考 寸法補助記号の使い方の例

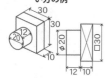

2 寸法補助記号

用　途	記号	呼び方	用　途	記号	呼び方
直　径	φ	まる	半　径	R	あーる
正方形の辺	□	かく	穴の深さ	▽	あなふかさ
板の厚さ	t	てぃー	45°の面取り	C	しー

・**コレ重要**・

☞ 製作図には共通の決まりがあるので適切な記号を用いる。

③ 技術開発 ☆☆

参考 資源のリサイクル

①マテリアルリサイクル
　製品をもとの原料にまで戻してから別の製品に利用する方法。

②ケミカルリサイクル
　物質に化学変化を起こし、別の物質にリサイクルする方法。

③サーマルリサイクル
　製品を燃やした時の熱を利用する方法。

1 持続可能な社会…世代を越え、環境・経済・社会の3要素のバランスが取れた社会。→物質的、精神的両面から可能で大切で、将来の世代に約束できる社会であること。

2 持続可能な社会の実現…材料と加工技術をさまざまな視点から評価することが大切。

①生活する上での必要性

②価格

③製造・使用・廃棄における環境への負荷

④耐久性

3 新しい加工技術の例…木材の繊維が直角になるように薄い木材を何枚も重ねて接着、圧縮した **CLT**（Cross Laminated Timber）という技術が登場している。コンクリート並みに強度を高めることで、「強度のある木材を建築に利用したい」といった利用者の要望にこたえることができるようになる。

テストに出る 要点チェック ✓

☐ 1. 右のような製作図のかき方を何といいますか。

☐ 2. 寸法補助記号の「 R 」と「 φ 」はそれぞれ何を表す記号ですか。

☐ 3. 社会の3要素のバランスが取れた社会を何といいますか。

☐ 4. CLT の木材は繊維の方向がどのように交わっていますか。

解答

1. キャビネット図

2. R：半径
　φ：直径

3. 持続可能な社会

4. 直角

2 木　材

図でおさえよう　◎ 木材に関する知識

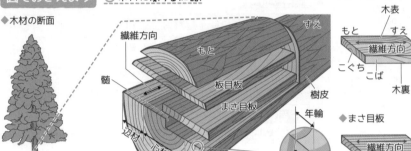

◆木材の断面

◆板目板

◆まさ目板

---

1 木材の特徴と構造☆☆☆

注意 まさ目板と板目板

まさ目板は木目がまっすぐ。板目板は木目が曲線を描く。

繊維方向に直角に切断した面が**こぐち**，平行に切断した面が**こば**である。

注意 繊維方向

木材の組織の中にある管状のものが繊維細胞で，その細胞に沿った方向のこと。

木材は収縮するんだ！

1 木材の特徴

丈夫さ	軽くて丈夫，方向によって強さが異なる。
加工性	切ったり削ったり，加工しやすい。
外観・におい	木目があり，肌触りがよい。
耐熱・耐電気	熱，電気を伝えにくい。→音も伝えにくい。
可燃・耐食性	燃えやすく，腐りやすい。

2 木材の繊維方向と強度

①繊維方向に直角

　→強い →平行の場合より10倍強い。

②繊維方向に平行

　→弱い

折れやすい　　折れにくい

繊維方向

3 木材の変形と収縮

①乾燥すると収縮する。→再び水分を吸収すると膨張する。

②板目板は木表側に反る。

③変形は，板目板のほうが大きい。

木表　板目板
木裏　まさ目板

・コレ重要・

☞ 木の切り出し方や方向によって反り方や強度が変わる。

---

① 木材の特徴を理解しよう。
② まさ目板と板目板の違いと、それぞれの特徴をおさえよう。
③ 針葉樹材、広葉樹材、木質材料の性質の違いと用途を覚えよう。

② 木材の種類と利用☆☆

参考 針葉樹材の用途
・**スギ・アカマツ**…住宅の柱，はり，けた
・**ヒノキ**…高級建材，浴槽，高級な木製品
・**パイン**…紙の原料のパルプ

参考 広葉樹材の用途
・**キ リ**…**高級タンス**，下駄，収納箱
・**ケヤキ**…高級建材，家具，和太鼓の胴
・**コクタン**…**仏壇**，楽器
・**バルサ**…模型細工，船の浮き，サーフボード

参考 木質材料の用途
・**合 板**…ベニヤ板，コンクリートの型枠，卓球のラケット
・**集成材**…住宅の柱，はり，家具

① 木材の種類とその特徴

	例	特 徴
針葉樹材	スギ	軽く，やわらかい。
	アカマツ	木目が通り，強い。
	ヒノキ	香りが強く，耐久性に優れる。
広葉樹材	キリ	軽く，やわらかい。防虫効果がある。
	ケヤキ	色味が美しい。
	ブナ	やや重く，かたい。

② 木質材料の加工方法

・**木質材料**…人工的につくられた木材。大きな材料をつくることが可能。**合板，集成材，パーティクルボード**などがある。

①**合 板**…単板（ベニヤ）を乾燥させて，繊維方向による性質の違いを少なくするために奇数枚貼り合わせる。

接着・加圧 →

②**集成材**…繊維方向をそろえ，節や割れている部分を避けて組み合わせて接着し，強度を上げる。**ゆがみが少ない。**
（机などの天板の芯やスピーカーボックスに。）

接着・加圧 →

③**パーティクルボード・ファイバーボード**…木材の小片や繊維状にしたものをそれぞれ接着して熱圧成形した材料。
（壁床や自動車のドアの部分に。）

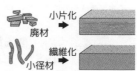

廃材 → 小片化
小径材 → 繊維化

テストに出る 要点チェック✓

☐ 1. 木材は切断の仕方によって，まさ目板と（①　　　）がある。変形しにくいのは（②　　　）である。

☐ 2. スギ，ヒノキなどの樹材の種類は何ですか。

☐ 3. 木材の繊維方向をそろえて接着し，変形を少なくして，強さを増した木質材料を何といいますか。

☐ 4. 昔から高級なタンスや下駄の材料として使われてきた広葉樹材は何ですか。

解答
1. ①板目板
　②まさ目板
2. 針葉樹材
3. 集成材
4. キリ

金属・プラスチック

表でおさえよう ◎ 金属の力に対する性質

金属の性質	性質の内容	
弾性（だんせい）	力を加えても，その力を除くと元に戻る性質。	小さな力
塑性（そせい）	大きな力を加え，その力を除いても元に戻らない性質。→曲げた部分が元に戻りにくい。	大きな力
展性（てんせい）	強い力でたたくと薄く広がる性質。	たたく
延性（えんせい）	強い力で引っ張ると細長くのびる性質。	引っ張る
加工硬化（こうか）	変形した部分の組織が変化してかたくなる現象。	曲げた部分が元に戻りにくい

1 ▷ 金属 ☆☆☆

発展　成形加工

①鍛造（たんぞう）
　金属をたたいて変形させ，目的の形をつくる。→日本刀

②圧延（あつえん）
　ローラで押しつぶして金属を薄くのばす。→鋼板，アルミはく

③鋳造（ちゅうぞう）
　金属を溶かして型にはめて目的の形にする。→マンホールのふた，お寺の鐘，銅像

④切削加工（せっさく）
　金属を削って形をつくる。

⑤接合加工
　金属を溶かして接合する。

1 金属の一般的（いっぱん）な特徴（とくちょう）

重　さ	丈夫（じょうぶ）で重く，水に沈む（しず）。
加工性	かたくて，加工しにくい。
外観・触感（しょっかん）	光沢（こうたく）があり，冷たく感じられる。
伝熱・耐電気（たい）	熱，電気を伝えやすい。→音も伝えやすい。
可燃・耐食性	熱で溶ける。さびるものがある。

2 金属材料の種類と利用例

鉄	やわらかく，強くない。
鋼（はがね）	鉄に炭素を混ぜたもの。硬く，強い。
アルミニウム	軽くて，弱い。
アルミニウム合金（ごうきん）	軽くて，強い。

・コレ重要・
☞ 金属は力や熱を加えることで，形を変える性質がある。

① 金属のさまざまな性質名と内容を理解しよう。
② 金属の加工法と用途例はしっかり覚えよう。
③ プラスチック材料の種類と特徴，利用例を覚えよう。

▷ プラスチック

☆☆☆

発展 熱に対する性質

①熱可塑性

　熱を加えるとやわらかくなる

・ポリエチレン（PE）
・ポリプロピレン（PP）
・アクリル樹脂（PMMA）
・ポリ塩化ビニル（PVC）
・ポリカーボネート（PC）など

②熱硬化性

　一度固まると熱を加えてもやわらかくならない。

・メラミン樹脂（MF）
・エポキシ樹脂（EP）
・フェノール樹脂（PF）など

1 プラスチックの一般的な特徴

重さ・強さ	軽くて丈夫。やわらかいものもある。
材質	均一。方向による性質の違いはほぼない。
外観	透明なもの，着色したものもある。
伝熱・耐電気	熱，電気を伝えにくい。
劣化	光で変色しやすい。

2 プラスチック材料の種類とその特徴

種類	特徴	利用例
ポリエチレン（PE）	最も生産量が多い。軽くて，油・薬品に強い。	包装材，容器，プランター
ポリプロピレン（PP）	軽くて丈夫。熱や薬品に強い。	浴用製品，雑貨，包装材
アクリル樹脂（PMMA）	透明度が高く，美しい。劣化しにくい。	水槽，航空機の窓，レンズ
ポリ塩化ビニル（PVC）	電気を通しにくい。劣化しにくい。→焼却時に毒性のガスが出ることも。	水道管，消しゴム，電線の被覆

3 熱に対するプラスチックの性質

①熱可塑性プラスチック
溶けたプラスチック
型　水　冷却（硬化）

②熱硬化性プラスチック
プラスチックの原料
型　加熱（硬化）

テストに出る **要点チェック** ✓

☐ 1. 金属に力を加えても元に戻る性質を何といいますか。
☐ 2. 金属を引っ張ると細長くのびる性質を何といいますか。
☐ 3. 水族館の水槽に使われている透明なプラスチックは何ですか。
☐ 4. 熱を加えるとやわらかくなるプラスチックは何ですか。

解答

1. 弾性
2. 延性
3. アクリル樹脂
4. 熱可塑性プラスチック

製　作①

図でおさえよう

◆けがきの工具

・さしがね

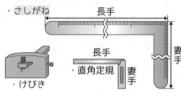

長手

長手　　妻手

妻手

・けびき　　・直角定規

◆切りしろや削りしろの取り方

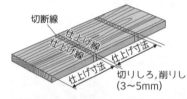

切断線

仕上げ線

仕上げ線

仕上げ寸法　仕上げ寸法

仕上げ寸法

切りしろ，削りしろ
（3〜5mm）

◆板材のけがきの方法

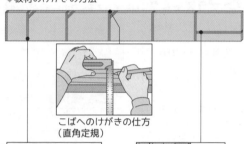

こばへのけがきの仕方
（直角定規）

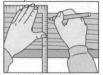

こばに直角な直線のけが
きの仕方（さしがね）

けびきを使ったこばに平行
な直線のけがきの仕方

---

①　木材へのけがき☆☆☆

注意　けがき

　材料を切断するときや切断した部品を削るとき，組み立てるときなどに材料の表面に必要な線や印をかくこと。

発展　切りしろと削りしろ

　材料加工するとき，**切りしろ**（のこぎりの溝の幅）や**削りしろ**（かんなで削り取る幅）が必要。

　したがって，けがきのとき，**材料取り寸法線**（切断線）や**仕上がり寸法線**が必要となる。

1　使用する工具

名　称	用　途
さしがね	けがき，寸法を測る，材料の形状検査
直角定規	けがき，直角度の検査，こばへの線引き
けびき	同じ幅の寸法を正確にとる

2　板材へのけがき方

①さしがねや鋼尺でこばの平面度を調べ，平らな面を基準面にする。

②さしがねの長手で部品の寸法をとり，鉛筆で印をつける。このとき，さしがねは，基準面や板面に密着させる。
＊コンベックス（巻尺）を使うのもよい。

板の上にさしがねはのせない。

長手の中央部を指で押さえ，内側をこばに密着させる。

③さしがねの長手の内側と基準面を密着させ，基準面に対して直角な線を引く。

得点
アップ
UP
① けがきに使用する工具の名称をしっかり覚えよう。
② さしがねなどの使い方を理解しよう。
③ 金属やプラスチックのけがきの仕方をおさえよう。

発展 角材へのけがき 直角定規を使った場合

④部品の幅はさしがねの**長手**でとり，線を引く。
↳鋼尺の目盛りは真上から読む。

・コレ重要・
☞ けがきでのさしがねや直角定規の使い方。

金属へのけがき☆☆

発展 けがき線が見えにくい

けがき線が見えにくい場合は，油性インクなどをけがき面に塗ってからけがくとよい。

注意 間違ったけがき

間違った線を油性のマーカーなどで消し，上から正しい線を引き直す。

1 金属板へのけがき

①基準となる辺を決める。

②直定規や鋼尺で寸法を測る。
↳こうじゃく

③けがき針の先端を直定規や鋼尺に密着させ，進行方向に少し傾けて線を引く。
↳線の下側に当てる。

直定規　けがき針
とりたい寸法

2 穴あけのけがき

①穴をあける部分の中心点に**センタポンチ**で小さな印をつける。

②印の中心に**センタポンチ**の先を合わせハンマで軽くたたく。
↳中心を確かめて，1回で決める。

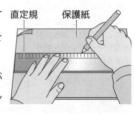

センタポンチ　ハンマ
鋼板

プラスチックへのけがき☆☆

発展 材料取り

切断後に折り曲げて加工する場合，曲げ半径を考えてけがく。

1 プラスチック板へのけがき

①プラスチックに保護紙が貼ってある場合→そのまま直接直定規を使って鉛筆で線を引く。

②保護紙がない場合，保護紙がはがれている場合→アルコール系インクなどで直接線を引く。
↳メンディングテープを貼るのもよい。
↳油性マーカーでもよい。

直定規　保護紙

テストに出る 要点チェック✓

☐ 1. 加工するときに材料の表面に線や印をかくことを何といいますか。

☐ 2. 板材に直角な線をさしがねで引くときは，さしがねの（①　）の内側を手で押さえ（②　）に密着させる。

☐ 3. 材料取りの線を引くときにかく，切断線以外の2本の線をそれぞれ何といいますか。

☐ 4. 金属板へのけがきは，直定規と何を使いますか。

解答

1. けがき
2. ①長手
　②基準面
3. 材料取り寸法線
　仕上がり寸法線
4. けがき針

5 製　作②

図でおさえよう

◆両刃のこぎりの名称

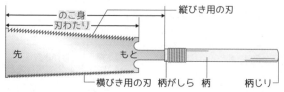

のこ身
刃わたり
縦びき用の刃
先
もと
横びき用の刃　柄がしら　柄　柄じり

◆縦びき用と横びき用の刃の構造

縦びき用
のみのような形の刃
横びき用
小刀のような形の刃

◆かんなの名称

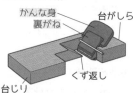

かんな身
裏がね
台がしら
くず返し
台じり

◆弓のこの名称

フレーム
柄
のこ刃

◆金切りばさみの名称

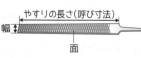

かなめ

◆やすりの名称

幅
やすりの長さ(呼び寸法)
面

---

① 木材の切断・切削☆☆☆

発展 あさり

のこぎりの刃先が左右に振り分けられている構造のこと。のこ身と木材の摩擦を小さくし,切りくずを出しやすくする。

のこ身
ひき溝の幅
あさり幅

参考 曲線の切断

曲線を切断するときは,**糸のこ**や**糸のこ盤**を使用する。糸のこには木材用をはじめ金属用やプラスチック用もある。

① 木材の切断(直線)

<のこぎりびき>
※最初は両手びきで切る。上達したら片手びきに。

①材料面に対しのこ身が直角で,切断面に沿って一直線に見える位置に立つ。こばのけがき線にのこ身がまっすぐ入るよう,押しながら切る。

②一定の**引き込み角度**とリズムを保ちながら切り進む。切り終わりは欠けを防ぐようにする。

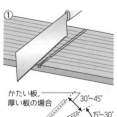

かたい板,
厚い板の場合　30°~45°
やわらかい板,　15°~30°
薄い板の場合

② 木材の切削…切断した部分をきれいにしたり寸法を調節したりする。

<板材の削り方>

板材の切削にはかんなを使う。**かんな身**は,かしらをたたくと出すことができる。かんな身を抜くときは,**かんな身と平行に台がしらの角を左右交互にたたく。**

①こば削り…かんなの刃先を材料に先端にひっかけてからまっすぐ一気に引く。

① 両刃のこぎりの各部の名称と切断の方法をおさえよう。
② かんなの各部の名称と刃の調整の仕方，使い方を覚えよう。
③ 金属・プラスチックの切断・切削の工具，方法を理解しよう。

発展 かんなの調整

①刃先の調整
台じり側から，かんな身の刃先の出を確認する。

②裏金の調整
かんな身に沿って裏金の上部を軽くたたく。

②こぐち削り…こぐちの端は割れやすいので，板幅の$\frac{2}{3}$ほど削り，裏返して残りの$\frac{1}{3}$を削る。
→刃先の出は少なくし，裏金は引っ込めておく。

こぐち削り

こば削り

② 金属・プラスチックの切断・切削 ☆☆☆

発展 やすりがけ

・**直進法**…一般的な方法。仕上がりがきれい。

・**斜進法**…削れる量が多く荒削りに適する。

直進法　斜進法

① 金属の切断

①**薄 板**…金切りばさみの刃元から刃の中程を使い，刃先まで使わないように切る。
→刃先まで使うと割れ目が入る。

②**棒 材**…材料を万力に固定する。弓ののこ刃は，押したときに切断できる向きに取りつけ，押して切断する。
→刃は，両刃のこぎりの横びき刃より小さい。
→ひじを体につけ体全体で押す。

② 金属の切削…やすりを使って，縁に沿って斜め下に軽くこするように削る。

③ プラスチックの切断（板材）

①鋼尺をけがき線に沿わせて**プラスチックカッタ**で板厚の$\frac{1}{3}$くらいの溝をつける。→厚い板材は，裏側からも溝をつける。

②工作台の端に溝を合わせて折る。

③プラスチックカッタの背を使って切断面を平らに削る。

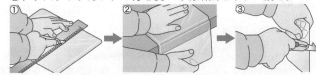

テストに出る 要点チェック ✓

☐ 1. 木材の繊維方向に切断する場合，両刃のこぎりのどちらの刃を使いますか。

☐ 2. のこぎりでやわらかい板材を切る場合の引き込み角度は何°ですか。

☐ 3. かんな身を出すときはどうすればよいですか。

☐ 4. 薄板の金属を切断する道具は何ですか。

☐ 5. やすりで金属を荒く切削する方法を何といいますか。

解答

1. 縦びき用の刃

2. 15〜30°

3. かんな身のかしらをたたく。

4. 金切りばさみ

5. 斜進法

6 製　作 ③

図でおさえよう

◆ドリルの種類

木材,金属用

木材用

プラスチック用

◆のみの名称

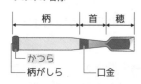

柄　首　穂

└かつら
└柄がしら　　└口金

◆卓上ボール盤の各部の名称

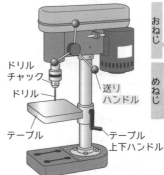

ドリル
チャック
ドリル
送り
ハンドル
テーブル
テーブル
上下ハンドル

◆ねじ切りの工具

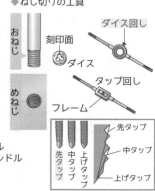

おねじ
刻印面
ダイス
ダイス回し

めねじ
フレーム
タップ回し

先タップ
中タップ
上げタップ

先タップ　中タップ　上げタップ

---

1 穴あけ ☆☆☆

注意 ドリルの回転速度
卓上ボール盤で穴をあけるときに,太いドリルを使う場合やプラスチックに穴をあける場合は,ドリルの回転速度を**低速**にする。

注意 切りくず
切りくずは吹かずに,スイッチを切って回転が止まってからはけで払う。

刃物を使うときは安全に注意しましょう。

1 卓上ボール盤による穴あけ(丸い穴)

①材質に合った**ドリル**をドリルチャックに固定する。

②テーブルの高さを調整する。

③通し穴の場合は捨て板を敷き,止まり穴の場合はストッパで深さを調節する。

④板材は**クランプ**で,棒材は機械万力で固定する。

⑤電源を入れ,ゆっくりと**送りハンドル**を下げ,
　穴をあける。金属では,穴あけ後に材料の裏
　側に出たかえり（**バリ**）を太いドリルかやすりで軽く削る。

止まり穴
（溝）

└ドリルが大きく食い込まないようにするためである。

バリ

2 卓上ボール盤の注意点…安全に使うため,次のことを守る。

①防じんマスク,保護眼鏡などを着用する。

②巻き込まれる危険があるので,**作業用手袋はつけない**。

③**ドリルチャック**にドリルが固定されていること,**チャックハンドル**が外されていることを確認して**スイッチ**を入れる。

④材料は**クランプ**や**万力**で固定し,顔や頭は卓上ボール盤の回転部分に近づけない。

⑤切りくずは吹かない。スイッチを切り,回転が止まってから,はけで取り除く。

▶ 折り曲げ ☆☆

発展 金属の塑性

金属には，曲げるなど大きな力を加えると元に戻らない塑性という性質がある。曲げはこの性質を利用している。

参考 プラスチックの折り曲げ

プラスチックを直角に曲げる場合は，工作台の角などに当てて曲げる。

① 金属の折り曲げ

①薄　板…けがき線を折り台の縁に合わせ，打ち木で，両端，中央の順にたたいて曲げる。
→曲げにくい場合は，かげたがねで折り曲げる。

打ち木

折り台

・折り曲げ機の押さえ刃にけがき線を合わせて折り曲げる。

②金属棒…金属棒を万力にはさんで固定し，パイプをかぶせてたおして曲げる。

② プラスチックの折り曲げ

曲げ用ヒータ
外側になる面をヒータで加熱する。

角度をつける。

ぬれた布を当てて冷やす。

▶ ねじ切り ☆☆☆

注意 おねじ切りのダイス

ダイスをダイス回しに取りつける場合は，刻印面が見えるように取りつける。

注意 めねじ切りのタップ

下穴の奥までねじを切りたいときは，中タップや上げタップを使う。

① おねじ切り

①丸棒は万力に垂直に固定する。
②ダイスの刻印面を下にしてダイス回しに取りつけ丸棒に当て，押さえながら，食いつくまでゆっくり右に回す。
→食いついたらダイスと丸棒が垂直であることを再度確認する。

面取り

② めねじ切り

①下穴を垂直になるよう万力に固定する。
②先タップをタップ回しにつけ，タップを下穴に当てて押さえながら，ゆっくり右に回す。
→タップが回りにくくなったら，逆回転させて切りくずを出す。

テストに出る 要点チェック ✓

解答

☐ 1. 材料に丸い穴をあける機械を何といいますか。

☐ 2. 金属棒を曲げるときに使う工具は何ですか。

☐ 3. 金属の折り曲げは金属のどんな性質を利用したのですか。

☐ 4. プラスチックを折り曲げるときに使うものは何ですか。

☐ 5. ダイスでねじを切るのは，どちらのねじですか。

☐ 6. タップ回しで先につけるタップは何ですか。

1. 卓上ボール盤

2. 万力

3. 塑性

4. 曲げ用ヒータ

5. おねじ

6. 先タップ

製　作 ④

図でおさえよう　◆検査

寸　法	直角度	平面度
さしがね	直角定規で光に透かして隙間を調べる。	さしがね
さしがねや鋼尺で寸法を調べる。		さしがねや直定規を密着させ光に透かして隙間を調べる。位置をずらして調べる。
穴と穴の間隔は，中心間を測る。	直角定規　切断した金属板の角の部分の直角度を調べる。	定盤の上でぐらつきがないか調べる。

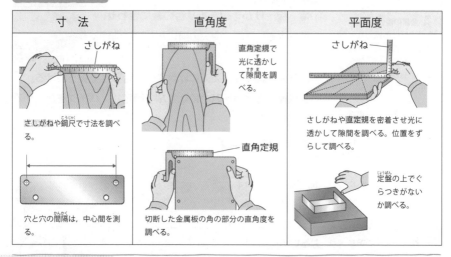

🚩 検　品 ☆☆☆

注意　プラスチックの修正

プラスチックの直角度を修正する場合は再加熱して曲げ直す。また，切断面が傷がついている場合は，定盤の上に研磨紙をのせ，その上を動かして削る。

① ノギス…0.05mm までの寸法，穴の直径・深さを測定できる。

内側用ジョウ（内径）　デプスバー（深さ）
止めねじ　本尺
外側用ジョウ
バーニヤ（副尺）
測定物　外径

測定値＝本尺の目盛り
　　　＋バーニヤ目盛り

② 寸法・直角度の修正…幅が違う場合は，幅が小さいほうに合わせて，かんなでこばを削り，長さが違う場合は，短いほうに合わせて，ベルトサンダでこぐちを削る。
→両面テープなどで貼り合わせ，木工万力に固定する。
→粘着テープなどで合わせて固定する。

③ 平面の修正
・木表側の反った部分にぬれ雑巾を当て，上から重しをする。
→ぬらした面を下にする。
・金属の薄板の変形は，厚い鋼板の上で，木づちでたたく。
→軽くたたいて直す。

🚩 接　合 ☆☆☆

発展 ねじの種類

丸木ねじ
　　　木材用
タッピンねじ　トラス小ねじ
　　なべ小ねじ
木材，金属，プラスチック用

① ねじ接合（木材・金属・プラスチック）

①工　具

プラスドライバ　　　　　ナット回し

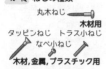

マイナスドライバ　　　　スパナ

① ノギスの各部の名称を覚えよう。

② げんのうの使い方をおさえよう。

③ はけの塗り方を理解しよう。

技術・家庭

技術分野

注意 接着剤による接合

接合する材料に適した接着剤を選び接着する。

注意 リベット接合

金属の板材どうしを接合する。2つの材料にあけた穴に**リベット**を通し，**ハンマ**でたたき形を整える。

②ドライバの正しい使い方

② **くぎ接合（木材）**

① **下穴あけ**→くぎには**四つ目ぎり**，木
→くぎの進む方向を決めたりするためである。

ねじには**三つ目ぎり**で下穴をあける。

② **くぎの長さ**…こばは，板の厚さの 2.5

倍，こぐちは 3 倍。

③ **くぎ打ち**→ひじを支点にして，手首も使って打つ。

・打ち初め→動きを小さく，げんのうの**平らな面**
→くぎが曲がってしまったら，くぎ抜きで引き抜く。

を使う。
→くぎが部材から出てしまったら，げんのうでたたいて出す。

・最後→材面に傷がつかないように，**曲面で打つ**。

③木ねじのねじ込み順序

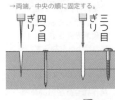

→両端，中央の順に固定する。

打ち始め

最後

---

③仕上げ☆☆

注意 塗料の種類

・木材→水性ニス，クリヤラッカーなど。

・木材・金属→水性艶ありペイントなど。

・金属・アクリル樹脂→水性エナメルなど。

① **紙やすり**→**素地研磨**や**面取り**に使う。
→番号が大きいほど目が細かい。表面を滑らかにする場合は，120 番から 240 番を使う。

② **塗装**→広葉樹材を使用している場合，目止めが必要である。

①はけ塗り（木材）…木目に沿ってはけを動かす。

親指ではさむように持つ。

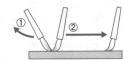

②吹きつけ…塗装面から 20〜30cm 離して，外側から塗装面と平行に移動させ，一方向から吹きつける。

テストに出る 要点チェック ✓

☐ 1. 0.05mm までの寸法，穴の直径・深さを測定できる工具を何といいますか。

☐ 2. 右の工具を何といいますか。

☐ 3. くぎの下穴をあける場合，どのようなきりを使いますか。

☐ 4. げんのうでくぎを打つときは，（① ）を支点にして，手首も使い，最初はげんのうの（② ）面を使う。

☐ 5. 紙やすりの仕上げでの役割は面取りと何ですか。

解答

1. ノギス

2. スパナ

3. 四つ目ぎり

4. ①ひじ

②平らな

5. 素地研磨

1 エネルギー ☆☆☆

・枯渇のおそれがある。
・燃焼させることで二酸化炭素を発生させ，地球温暖化をもたらす。

発展 バイオマス発電
　農作物や畜産の廃棄物など有機物（バイオマス）を使い発電すること。

① エネルギー…仕事をする能力。

② エネルギーの種類

　①一次エネルギー…自然界から得られるエネルギー資源。
　　→化石燃料（石炭，石油，天然ガスなど），原子力（ウラン），
　　　　　└地中に埋蔵されている。
　　　太陽光，風力，地熱，水力など。

　②二次エネルギー…一次エネルギーを利用しやすいように変換
　　した資源。
　　→電気，都市ガス，ガソリン，灯油など。
　　　　　└取り扱いが容易なので，さまざまな技術で発電を行う。

　③再生可能エネルギー…永続的に利用可能と認められるエネル
　　　└一次エネルギーに含まれる。
　　ギー資源。二酸化炭素の排出量が少ない。
　　　└石油に代わるエネルギー資源として注目。
　　→太陽光，太陽熱，水力，風力，地熱，バイオマスなど。

③ エネルギーの変換…用途に応じてエネルギーの種類を変えること。電気エネルギーがエネルギー利用の中心。

　・エネルギーの変換効率…入力されるエネルギーに対する出力
　　されるエネルギーの割合
　　　└エネルギーは摩擦や抵抗などによって失われるため変換効率を100%にすることはできない。

$$エネルギーの変換効率（\%）＝\frac{出力されるエネルギー}{入力されるエネルギー}\times100$$

2 発電 ☆☆☆

参考 発電における二酸化炭素排出量
　火力による発電，とくに石炭・石油を使用した場合が最も多く，次いで，太陽光，風力，原子力で，最も少ないのが水力発電である。

① 発電の種類

発電方式	特徴と課題
火　力	石油，石炭，天然ガスなど化石燃料を使用。 →二酸化炭素など温室効果ガスが多量に発生。
水　力	ダムに貯めた水を利用。再生可能エネルギー。 　└落下する水の力を利用。 →新たな水源の確保が困難。
原子力	ウランなどの核燃料を使用。少量の燃料から大量 　　└核燃料は輸入される。 のエネルギーが得られる。 →安全性の確保に大きな配慮が必要。
風　力 太陽光	再生可能エネルギー。設備費用が安い。 　　　　　　　　　└1基あたりの発電量が他に比べて少ない。 →天候に左右されやすい。

① エネルギーの種類と特徴を理解しよう。
② エネルギーの意味と変換効率の式を覚えよう。
③ 各発電方式の特徴とその課題を知ろう。

技術・家庭

技術分野

② エネルギー変換の仕組み

＜水力発電機＞

高い所の水がもつ位置エネルギー

→流れる水がもつ運動エネルギー

→発電機の作る電気エネルギー

＜懐中電灯＞

電池内部の化学エネルギー

→化学変化で発生する電気エネルギー

→光のもつ光エネルギー

◆エネルギー変換効率

（％）
- 水力 80
- 火力 43
- 原子力 33
- 風力 25
- 太陽光 10

省エネルギーを意識しよう。

③ 発電の仕組み

参考　太陽光発電の仕組み

太陽電池　光
n形半導体
p形半導体
−電極
＋電極

半導体で太陽光を電気に変える。住宅などにも設置できるが，夜は発電できない。

①火力発電の仕組み

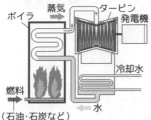

ボイラ　蒸気　タービン　発電機　冷却水　燃料　水
（石油・石炭など）

②水力発電の仕組み

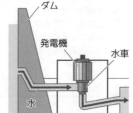

ダム　発電機　水車　水

③原子力発電の仕組み

→風力発電や太陽光発電より二酸化炭素排出量は少ない。

原子炉圧力容器　原子炉格納容器　蒸気　タービン　発電機　核燃料　水　制御棒　復水器　放水路へ　冷却水（海水）

テストに出る　要点チェック

- [ ] 1. 永続的に利用可能と認められるエネルギー資源を何といいますか。
- [ ] 2. 太陽光パネルに 200kWh の太陽光が当たり，30kWh の発電があるときのエネルギー変換効率は何％ですか。
- [ ] 3. 最もエネルギー効率がよい発電方法は何ですか。
- [ ] 4. 温室効果ガスを多量に発生する発電方式は何ですか。

解答

1. 再生可能エネルギー
2. 15％
3. 水力発電
4. 火力発電

9 電気の利用

図でおさえよう

◆直流と交流の比較

交流（AC）

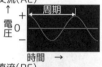

直流（DC）

◆電気用図記号

名　称	図記号	名　称	図記号	名　称	図記号
コンセント		電源プラグ		導線の接続	
電池または直流電流		スイッチ		電球（ランプ）	⊗
モータ	Ⓜ	コンデンサ		抵抗器	
発光ダイオード（LED）		端　子	○	ヒューズ	

1 ▷電　　池☆☆☆

参考　交流（AC）の長所
高電圧に変圧できるので，遠く離れた変電所から各家庭に送電するのに適している。

参考　ACアダプタ
家庭用のものはコンセントに供給されている交流を直流に変換する。逆の装置もある。

電池の種類を確認しておきましょう。

① 電池の種類 →一次電池は使い切りで二次電池は充電が可能。
化学エネルギーが電気エネルギーに変換されたもの。

	名　称	特徴と用途
一次電池	マンガン乾電池	小さな電流で，動くかけ時計やリモコンなどに適する。
	リチウム乾電池	電力が大きいのでパソコンのバックアップ用の電源に使われる。
	アルカリ乾電池	大きな電流を必要とする，模型自動車や電動歯ブラシなどに適する。
二次電池	鉛蓄電池	大きな電流を取り出せる。自動車のバッテリーなどに使われる。
	ニッケル水素蓄電池	大きな電流を取り出せる。コードレス電話や電動工具に使われる。
	リチウムイオン電池	大きさの割には軽く大きな電流を取り出せる。ノートパソコンやビデオカメラ，携帯電話などに使われる。

② 直流（ＤＣ）と交流（ＡＣ） →電池は直流。
・直　流…電流の向きや電圧が変化しない。
・交　流…電流の向きや電圧が周期的に変化する。

2 ▷電気回路☆☆☆

① 電気回路…電源，負荷，スイッチ，導線などから構成される電気の通り道。 →モータや発熱体のこと。

① 一次電池と二次電池の特徴をおさえよう。
② 電気用図記号を覚え，簡単な回路を書けるようにしよう。
③ 変換されたエネルギーの身近な例を知ろう。

技術・家庭
技術分野

参考 回路の例
・階段の照明…二つのスイッチでON，OFFができる。
・車の方向指示器…レバー操作で左右のランプが点滅する。

・身の回りの回路

扇風機 　　　　　　　階段の照明 　　　　　車の方向指示器

---

③ 電気エネルギーの変換☆☆☆

発展 LEDの長所
白熱電球や蛍光灯より，消費電力や発熱が少なく，寿命が長い。

注意 電子レンジの仕組み

マイクロ波
水分子

参考 その他のモータの用途
・ブラシレス直流モータ
→コンピュータのファン
・超音波モータ→医療機器，カメラなど。

1 光エネルギーへの変換

①**白熱電球**…電流が流れると，**フィラメント**がジュール熱で高温になり発光する。
→二重コイルにして熱の損失を減らしている。

②**蛍光灯**…放電によりガラス管内部に塗られている**蛍光物質**が発光する。

③**LED**…半導体と電子のはたらきで発光する。

2 熱エネルギーへの変換

①**アイロン，電気毛布**…発熱体（ニクロム線など）でジュール熱を発生させる。
→温度を一定に保つサーモスタットがついている。

②**電磁調理器**…磁力線により発生したうず電流でジュール熱を発生させる。
→誘導加熱方式である。

③**電子レンジ**…マグネトロンから発生した**マイクロ波**が食品中の水分子を振動させ発熱する。
→摩擦熱が出る。

3 運動エネルギーへの変換

・**モータ**…電気で発生する磁力の引き合いと反発によって**回転運動**をつくりだす。直流モータ（模型用），振動モータ（携帯電話用），交流誘導モータ（新幹線など）などがある。
→乾電池で使用できる。 →小型である。

テストに出る 要点チェック ✓

☐ 1. 電池は直流，交流のどちらですか。
☐ 2. 充電ができるのは一次電池，二次電池のどちらですか。
☐ 3. 電子レンジは，電気エネルギーを（①　　）エネルギーに変換して利用している。（②　　）が食品中の水分子を（③　　）させて発熱させている。
☐ 4. 電気エネルギーを運動エネルギーに変換して利用されているものを1つあげましょう。

解答
1. 直流
2. 二次電池
3. ①熱
　②マイクロ波
　③振動
4. モータ

10 機器の保守点検

図でおさえよう

◆電気機器の事故

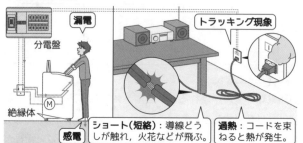

漏電

トラッキング現象

分電盤

絶縁体

感電

ショート（短絡）：導線どうしが触れ，火花などが飛ぶ。

過熱：コードを束ねると熱が発生。

◆デジタル式回路計

モードスイッチ

テスト棒

ロータリスイッチ

◆アナログ式回路計

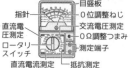

目盛板

指針

0位調整ねじ

直流電圧測定

交流電圧測定

ロータリスイッチ

0Ω調整つまみ

測定端子

直流電流測定

抵抗測定

1 ▶ 電気による事故 ☆☆☆

注意 ブレーカ
　回路を自動的に遮断する装置。

参考 分電盤内の機器
・**電流制限器**…契約電流を超えたときに作動するブレーカ。
・**漏電遮断器**…漏電したときに作動するブレーカ。
・**配線用遮断器**…負荷に許容値を超えた電流が流れたときに作動するブレーカ。

事故の原因を確認しよう。

1 事故の原因と対策

	原　因	安全機器
ショート	・電圧の異なる2本の電線が接触。 ・電線に過大な電流が流れる。	**分電盤のブレーカ** ①電流制限器 ②漏電遮断器 ③配線用遮断器
漏電	・機器や配線コードについたほこりや水に電流が流れる。	**アース線の接続** アース線
感電	・漏電状態の機器に触る。　→電気が人の体を流れる。	漏電遮断器の設置
トラッキング現象	・電源プラグとコンセントの間にたまったほこりが湿気を吸い，電流が流れる。	電源プラグのつけ根などの定期的な掃除 ほこりなど　→たんすや冷蔵庫の裏，机の下の点検は大切。

・コレ重要・
☞ 電気による事故の種類，現象，原因，対策。

① 電気による事故の状況，原因，対策をおさえよう。
② ブレーカ，ヒューズの役割を知ろう。
③ 回路計の各部の名称，使い方を理解しよう。

発展 定格

・**定格電流**…流してもよい電流。

・**定格電圧**…加えてもよい電圧。

・**定格時間**…使用してもよい時間。

2 電気部品の定格

①特定電気用品…危険，障害が発

生するおそれが多い電気用品。
↳定格値を超えた使用は火災のおそれがある。

②ヒューズ
↳ショート（短絡）や過負荷などから守る。

・**温度ヒューズ**…定められた**温度**を超える

とヒューズが溶け回路を遮断する。
↳アイロンやこたつに利用される。

・**電流ヒューズ**…定められた**電流**値を超え

るとヒューズが溶け回路を遮断する。

特定電気用品 認定検査機関名
のマーク

PSE JET 15A 125V

電流の定格値　電圧の定格値

温度ヒューズ

電流ヒューズ

▷ 保守・点検
☆☆

参考 0Ω調整

赤テスト棒と黒テスト棒を接触させた状態から**0Ω調整つまみ**を回して，指針を0に合わせる。

発展 交流電圧の測定

テーブルタップを使って電源まで電気がきているか調べる。

1 回路計の使い方

・**通電試験（アナログ式）の点検手順**

①ロータリスイッチを②**抵抗レンジ**に
↳指針が振れたら正常。

合わせる→0Ω調整をする→口金に③

テスト棒を当てる

・**直流電流（デジタル式）の点検手順**

①ロータリスイッチを**電流(mA)レン**

ジに合わせる→②モードスイッチを直

流に設定する→③テスト棒の赤を＋側

に，黒を−側に当てる

・**直流電圧（デジタル式）の点検手順**

①ロータリスイッチを**電圧(V)レンジ**に合わせる→②モード

スイッチを直流に設定する→③テスト棒の赤を乾電池の＋側
↳アナログの場合は，この前で0Ω調整をする。

に，黒を乾電池の−側に当てる

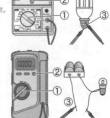

テストに出る 要点チェック✓

☐ 1. 屋内配線が危険状態になると回路を遮断するために
（①　　）内の（②　　）が自動的にはたらき，また（③　　）
の場合は，溶ける。

☐ 2. 電源プラグとコンセントの間にたまったほこりなどが原
因で火災が起こる現象を何といいますか。

☐ 3. 電気機器に加えてもよい電圧を何といいますか。

☐ 4. 通電試験で，正常の場合の指針の動きはどうなりますか。

解答

1. ①分電盤

　②ブレーカ

　③ヒューズ

2. トラッキング現象

3. 定格電圧

4. 振れる

運動の伝達

図でおさえよう

◆平行クランク
　機構

てこ

固定リンク

◆てこクランク機構

連接棒

てこ

クランク　　　　固定リンク

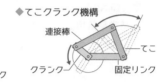

◆揺動スライダ
　クランク機構

連接棒　　　揺動
　　　　　　運動

スライダ

クランク　　　回転運動

◆両てこ機構

クランク　　固定リンク

◆往復スライダクランク機構

揺動範囲

クランク

固定リンク　　案内　　スライダ

◆カム機構

従動節

案内

回転中心

板カム

回転中心
従動節

板カム　　固定支点

案内　　従動節

みぞ　　円筒カム

---

1 回転運動の伝達☆☆☆

参考 速度伝達比

駆動軸と被動軸の回転
速度の割合

$$= \frac{駆動軸の回転速度}{被動軸の回転速度}$$

$$= \frac{被動軸の歯数}{駆動軸の歯数}$$

運動伝達の方向が
ポイントですね。

① かみ合いで伝える

① 2軸が近い

種　類		特　徴
平歯車		2軸は**並行**で回転は**逆**。確実に動力を伝達する。
かさ歯車		2軸は**交差**。確実に動力を伝達する。
ラックとピニオン	↑ピニオン ラック	2軸は**直角**。回転運動を**往復直線運動**にする。
ウォームギア		2軸は**直角**。動力の伝達はウォームから一方通行である。

② 2軸が離れている

スプロケットと
チェーン

チェーン

スプロケット

歯つきプーリと
歯つきベルト

プーリとベルト
に歯をつけたもの

滑りはないが，回転
が速いと音が大きく
なる。歯つきプーリ
と歯つきベルトは自
転車などにも利用。

① 回転運動を伝える仕組み，種類を理解しよう。

② リンク機構，スライダクランク機構などの仕組みを理解しよう。

③ リンク機構などの運動の方向を覚えよう。

参考　摩擦の車の用途

・摩擦車→自転車の発電機

・プーリとベルト→コンピュータのDVD装置

2 摩擦で伝える

① **2軸が近い→摩擦車**（2軸の回転は逆。大きな力が加わっても滑りで破損を防ぐ。）

円筒や円板を押しつける。

② **2軸が離れている→プーリとベルト**（大きな動力を伝えるときに滑りやすい。）

プーリとベルトの接触面の摩擦で伝える。

---

2 往復運動と回転運動の伝達☆☆☆

参考　クランクとてこ

クランクは回転運動，てこは揺動運動を行う。

発展　自動車のワイパー

自動車のワイパーは，てこクランク機構と平行クランク機構を組み合わせている。

平行クランク機構

てこクランク機構

① **リンク機構**…回転運動を往復運動や揺動運動に変える。

4本のリンク（棒）で構成。リンクの組み合わせや長さを変えることでさまざまな動きが可能。

② **スライダクランク機構**…回転運動を往復運動や揺動運動に，往復直線運動を回転運動に変える。

リンク機構のてこを除き，連接棒とスライダを設けることでさまざまな動きが可能に。

③ **カム機構**…原動節となる特殊な形のカムが回転し，直接，従動節に往復運動や揺動運動を与える。

→工場の自動化された機械にもよく使われている。

・利用例…カムが回転すると板（従動節）が揺動し，人形は上下に動く。カム軸に形を変えたカムや同じ形でも，位置を変えて取りつけると人形が交互に動く。カム軸にハンドルや車輪をつければ動かせる。

◆手押し車

板（従動節）

カム

テストに出る 要点チェック✔

☐ 1. 原動車と従動車の回転速度の割合を何といいますか。

☐ 2. 右の図の仕組みの名称と動力の伝達の方法を答えましょう。

☐ 3. 回転運動を往復直線運動に変える，かみ合いで動力を伝達する方法を何といいますか。

☐ 4. 2軸が交差する特徴の動力の伝達方法を何といいますか。

☐ 5. 手押し車に使われている仕組みを何といいますか。

解答
1. 速度伝達比
2. 平歯車・かみ合いで伝達する。
3. ラックとピニオン
4. かさ歯車
5. カム機構

技術・家庭

技術分野

12 生物の育成

図でおさえよう

◆植物をとりまく環境

気象的環境
日射量,日長,温度,
降水量など。

風　　　　光

生物的環境
雑草,鳥,微生物,
土中の小動物など。

土壌的環境
養分,水分,空気,
土の粒子など。

水分・養分　　土壌微生物　　土壌小動物

◆動物（乳牛）を育てる技術

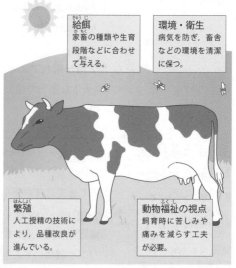

給餌
家畜の種類や生育
段階などに合わせ
て与える。

環境・衛生
病気を防ぎ,畜舎
などの環境を清潔
に保つ。

繁殖
人工授精の技術に
より,品種改良が
進んでいる。

動物福祉の視点
飼育時に苦しみや
痛みを減らす工夫
が必要。

1 植物の育成

☆☆☆

参考　用土の種類
・基本用土…赤土,赤玉
土,水ごけ
・改良用土…腐葉土,バー
クたい肥,バーミキュ
ライト

生物の飼育は大変
なんだね。

1 土 壌 →植物を健康に育てるためには団粒構造の土が必要。

①団粒構造と単粒構造

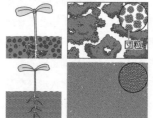

土の細かな粒子が集まり小さ
な塊になっている。
→空気も水もよく通る。

小さな粒子だけで塊とならな
い。
→水が抜けない。

②団粒構造の土の作り方…たい肥を加えよく耕す。たい肥をえ
さとする土中のミミズや微生物が団粒構造を促進。
→腐葉土や石灰分を加えるのもよい。

2 有機質肥料と無機質（化学）肥料

①有機質肥料…動植物や動物の排せつ物などが原料。ゆっくり
と効き,効果は長い。たい肥,油かす,骨粉など。

②無機質（化学）肥料…化学的に製造した肥料。速効性と遅効
性がある。塩化カリウム,過リン酸石灰など。

① 団粒構造と単粒構造の違いを理解しよう。
② 肥料の三要素の種類，はたらき，欠乏の症状をおさえよう。
③ 水産生物の栽培状況を理解しよう。

参考 植物の養分
葉からは二酸化炭素，酸素を吸収し，根から水や肥料の三要素を吸収して養分としている。

③ **肥料の三要素** →欠乏はトマトの例。

	はたらき	欠乏の状態
リン酸	花や果実，新根の発育。	生育が衰える。下葉から暗紫になる。
窒素	葉や根の成長に役立つ。	生育が衰える。下葉から黄化する。
カリウム	光合成，果実や根の成長。	葉先から黄色に変化する。

・コレ重要・
☞ 肥料の三要素の種類とはたらき。

② 動物の育成 ☆☆

参考 家畜
人に保護されて，食用になったり，労働力になったりして人の生活に役立つ動物。

① **動物（乳牛）の管理技術**
①家畜自体の管理…発育段階に合わせて必要な餌を与える。効率よく育てるため配合飼料を与えることが多い。
②飼育環境の管理…夏は風通しをよくし，体温が上がらないようにする。畜舎の清掃，消毒なども必要。
③出産から約10か月間が搾乳期間である。

③ 水産生物育成 ☆☆

注意 水産生物
海や湖，河川などに生息し，食料や医薬品の原料，宝飾品などになり人の生活に役立つ生物。

① **種菌の確保**…天然の環境を利用して，以前から生息していた水産生物の稚魚などを放流したり，以前生息していなかった水産生物の稚魚を放流（移植）したりして，水産生物を増やす。
② **養殖**…海や河川などの一部や陸上の施設などで，魚類，貝類，海藻類などの水産生物を人の手で育てる。

テストに出る 要点チェック✔

解答

☐ 1. 植物をとりまく3つの環境を答えましょう。
☐ 2. 植物の成長に適した土は（①　）構造の土で，根が必要とする（②　）と（③　）を隙間に蓄えている。
☐ 3. 肥料の三要素の中で，光合成を盛んにして果実や根の成長を助けるものは何ですか。
☐ 4. 水産生物の栽培で，魚類などを人の手で育てる技術を何といいますか。

1. 気象的環境　生物的環境　土壌的環境
2. ①団粒　②空気　③水（②③順不同）
3. カリウム
4. 養殖

13 植物の栽培

図でおさえよう

◆トマトの定植後の管理

支柱立て
茎が倒れたり折れたりするのを防ぐ。

誘引
茎がのびてきたらひもで支柱と8の字に交差させて結ぶ。

摘芽
余分なえき芽を取り，茎の先端部の成長を促す。

追肥
生育の状況を見ながら何回かに分けて与える。

病気・鳥対策
果実の先端が黒くなったらカルシウム剤を葉に散布。カラス対策には，透明・黒のテグスを周りに張る。

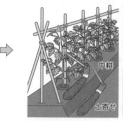

中耕
土中に酸素を供給するためにうねや株間を耕す。

土寄せ
地上部が大きくなったときなどに株元に土を盛る。

摘芯
茎の先端部を摘み取り，果実，えき芽の成長を促進させる。

収穫
大きさや色，形，やわらかさなどから時期を判断する。

---

1 定植前 ☆☆☆

参考　発芽に必要なもの
光は必要であるものとそうでないものがあるので，必ず必要というわけではない。

参考　セルトレイまき
種が小さく，すぐに大きく成長しない植物はこれで栽培する。屋内に置けるので管理しやすい。

① **種まき**…適切な温度や水分，空気（酸素）の3条件がそろうと芽を出す。種は粒がよくそろい，病虫害のないものを選ぶ。

点まき	すじまき	ばらまき
大きい種	**普通の大きさの種**	**細かい種**
高価で，間引きを行わない種	間引きを行いやすい種	点まき・すじまきがしにくい種
アサガオ・ダイコン	ホウレンソウ	レタス・パンジー

② **間引き**…苗の品質や発育をそろえるために，密集した状態から栽培に適した苗を残すこと。→よい苗でも混み合っている場合は間引く。

間引く苗の選び方
・混み合っている。
・生育が早すぎたり遅すぎたりする。
・曲がるなど形が悪い。
・茎がのびすぎている。

得点アップ UP

① トマトの定植後の管理を知ろう。
② 種まきの種類と適した植物をおさえよう。
③ 植物の病気，害虫，その対策を理解しよう。

② 定植後☆☆☆

① 定　植…植物を植え変えることを移植，そのあと植える場所を変えないときは定植。

・よい苗の選び方

葉が大きく厚い。緑が濃い。

茎が太くてしっかりしている。

白い根がしっかりと張っている。

葉間が徒長（間延び）せず，つまっている。

子葉が傷んでいない。

注意 支柱立て
定植2週間後までに行う。支柱を立てる場合，根を傷つけないように注意する。支柱を立てたあとに定植してもよい。

・畑に植える場合…株間，植えつけの深さに注意する。根と土の間に空間ができないようにする。葉や茎に土がかからないようにする。→畑がない場合は，鉢やプランターで栽培や養液栽培を利用する。

発展 かん水の必要性
水は光合成を促進するために必要である。水が団粒構造の中を通るとき，余分な水が抜けて，そのあとに新鮮な空気が入る。空気は呼吸に使われる。

② かん水…午前中の早い時間に行う。ていねいに根元にたっぷり与える。葉や花に水がかからないようにする。鉢やプランターの場合は，排水口から水が出るまで行う。
→回数が多いと根腐れが起きる。
→はねた土が作物にかかると病気の原因になる。

コレ重要
☞ かん水の方法とその必要性。

発展 害虫の対策
・アブラムシ…牛乳などをスプレーする。
・ヨトウムシ…捕獲，駆除する。

③ 病気の対策

名　称	症　状	対　策
ウドンコ病	葉や茎が粉をまぶしたように白くなる。	風通しをよくする。
モザイク病	葉や花びらにモザイク状の模様ができる。	ウイルスを運ぶアブラムシの防除。

テストに出る 要点チェック✓

解答

☐ 1. アサガオの種に適したまき方は何ですか。

☐ 2. 発芽の3条件は，何ですか。

☐ 3. のびてきた茎を支柱とひもで結ぶことを（①　　）という。結び方は，（②　　）の字になるように交差させる。

☐ 4. 地上部が大きくなったときなどに株元に土を盛ることを何といいますか。

☐ 5. ウドンコ病にかかった場合，どのように対処しますか。

1. 点まき
2. 温度，水分，空気（酸素）
3. ①誘引　②8
4. 土寄せ
5. 風通しをよくする。

コンピュータ技術

図でおさえよう

◆コンピュータの5つの機能と装置

```
          マイクロホン        コンピュータ本体              プリンタ
入力機能          演算機能    記憶機能              出力機能
                制御機能                        ディスプレイ
マウス  キーボード    CPU    メインメモリ  ハードディスク        スピーカ
```

◆情報通信ネットワーク

```
                          学校間WAN
                  ISP
              （プロバイダ）         センター  校内LAN
家庭内LAN              インターネット
    ハブ                        校内LAN
        ルータ
        サーバ
```

コンピュータ
☆☆☆

① **ハードウェア**…コンピュータの機能を実現する装置。

・**入力装置**…入力機能を持ったハードウェア。キーボード，マウス，マイクロホン，デジタルカメラなど
→ペンタブレットなども。

・**出力装置**…出力機能を持ったハードウェア。ディスプレイ，プリンタ，スピーカなど。

② **ソフトウェア**…コンピュータでデータを処理し，目的の作業の手順を定めたプログラム。

・**基本ソフトウェア**（**OS**）…キーボードからの入力やディスプレイへの出力など基本的な機能を持つソフトウェア。コンピュータを起動させると最初に動き出す。
→ Operating System の略。

・**アプリケーションソフトウェア**…文書作成や画像処理など，作業の目的に応じたソフトウェア。

③ **コンピュータの機能**

・**演算機能**…情報を処理する。
・**制御機能**…命令を実行する。　中央処理装置（CPU）
・**記憶機能**…記憶装置により，記憶，保存する。

参考　プログラムとデータ

コンピュータのハードウェアには，処理する手順を示す**プログラム**と処理される情報そのものである**データ**が組み込まれている。このプログラムとデータを合わせたものを**ソフトウェア**という。

参考　アプリケーションソフトウェア

Webページ閲覧ソフトウェア，ビデオ編集ソフトウェア，プレゼンテーションソフトウェア，表計算処理ソフトウェアなど。

① コンピュータのもつ機能と装置を知ろう。

② ハードウェアとソフトウェアの意味を理解しよう。

③ ネットワークの意味，種類を理解しよう。

②ネットワーク
☆☆☆

注意 ハブとルータ
ハブは複数のコンピュータへの**分岐機能**を持つ。ルータは，ネットワークとネットワークを結ぶ機能を持つ。**情報の交通整理**を行う。

① ネットワーク…複数のコンピュータやプリンタなどを接続し情報を広く活用する仕組み。
└→接続する方法には，有線接続と無線接続がある。

② 情報通信ネットワーク…コンピュータやスマートフォン，テレビなどの情報機器を接続し情報をやりとりできるもの。
└→今は，照明機器やエアコンなどの家庭用電気製品も接続できるようになっている。

① **LAN**…家庭や学校など一定の範囲
ラン
└→ Local Area Netowork の略。
内にあるコンピュータなどの機器
を，**ハブ**や**ルータ**などを使って接
続したネットワーク。

LANケーブル

ハブ

② 無線 **LAN**…電線などのケーブルを使わず無線で機器同士を
つなぐ技術のこと。

参考 WWW サーバ
Web ページを構成するファイルが保存されている。

③ **インターネット**…家庭や学校，企業などのネットワークを
ルータで接続し合った，世界的な規模の情報通信ネットワーク。海外との通信には光ファイバによる海底ケーブルが使われている。

④ **サーバ**…電子メールや Web ページなどさまざまな機能や情報を，ネットワークを通して他のコンピュータに提供する役割を持つコンピュータ。WWW サーバ，メールサーバ，ファイルサーバなどがある。

参考 IP アドレス
情報通信ネットワークに接続されるコンピュータには**住所**にあたる IP アドレスの数値が割り当てられる。これはすべてのコンピュータで異なっている。

⑤ **ISP**…インターネットへの接続サービスを提供する会社。
└→ Internet Service Provider の略。
プロバイダともいう。

・コレ重要・
☞ ネットワークの種類と違い。

テストに出る 要点チェック✔

解答

☐ 1. キーボードは，どのような機能を持っていますか。

☐ 2. コンピュータ本体にある（ ① ），情報を処理する
（ ② ）機能と命令を実行す制御機能を持つ。
せいぎょ

☐ 3. コンピュータに情報通信機器を接続したネットワークを
何といいますか。

☐ 4. インターネットへの接続サービスを提供する会社を何と
いいますか。

1. 入力機能

2. ①中央処理装置
（CPU）
②演算

3. 情報通信ネットワーク

4. プロバイダ

ソフトウェア

図でおさえよう

◆文書処理ソフトウェア
文字や図，画像を組み合わせて文書を作成する。

タブ

リボン
機能やコマンド

文字入力や，図や写真などを挿入。

◆表計算ソフトウェア
表を作成し，グラフの作成，データの集計を行う。

タブ

リボン
機能やコマンド。

セル
文字，数値を入力する。

数式バー

列番号

行番号

1 文書処理ソフトウェア☆☆☆

注意　効率的な文字入力
文書を作成するときは，最初にすべての文字情報を入力し，そのあとで体裁を整えると効率的である。
→ファンクションキーを積極的に使う。

1 文書の作成

①ページ設定…レイアウトリボンを使用する。

文字列の方向や余白の大きさ，用紙の向き，サイズなどを設定。文字数や行数も設定する。
→ファンクションキーを積極的に使う。

②文章の編集

ホームリボンを使用する。
→改行はエンターキーを使う。

フォント，フォントの大きさの設定。

「ホーム」リボン基本的な設定。

太字，斜体，下線などの設定。　色，囲み文字の設定。

文字の位置の設定。

図や写真があると，見やすい文書になります。

2 図，写真の挿入…挿入リボンを使用する。

「図」をクリックし，画像などを選ぶ。挿入した図や写真に効果を加えたり，トリミングもできる。

「挿入」リボン
図，写真などの挿入。

① コンピュータの基本操作を知ろう。
② 文書処理ソフトウェアの使い方を理解しよう。
③ 表計算ソフトウェアの使い方を理解しよう。

③ **表の挿入**…挿入リボンを使用する。

さらに「表」ボタンをクリック，行数と列数を指定して表を挿入する。表のスタイルも変更できる。

② 表計算ソフトウェア☆☆☆

参考 罫線の選択
罫線の種類や箇所を指定して入れることもできる。

① **表の作成**…ホームリボンを使用する。
　　→操作を間違えたときは「元に戻す」アイコンで戻ることができる。

文字や数値を入力し，表を作成する。入力した文字や数値のフォント，色を設定したり，列幅や罫線を変更する。

罫線の種類を選択。

注意 計算
たし算やひき算をはじめ合計や平均などの計算もできる。

② **表の計算**…ホームリボンを使用する。

数式や関数を使う場合は，数式バーに入力してもよい。

参考 グラフの作成
グラフは棒グラフ，折れ線グラフ，円グラフなどいろいろ可能。作成したグラフを文書処理ソフトウェアやプレゼンテーションソフトウェアに貼りつけることができる。

③ **グラフの作成**…挿入リボンを使用する。

グラフの作成に必要な範囲を指定し，グラフの種類を選択するとグラフが作成される。→テーマの色や背景も変更できる。

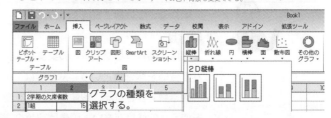

グラフの種類を選択する。

テストに出る 要点チェック ✔

□ 1. 文書を作成するソフトウェアを何といいますか。	
□ 2. 1. のソフトウェアで用紙のサイズを決めるときは，どのリボンを使用しますか。	
□ 3. 1. のソフトウェアで表を挿入するときは，どのリボンを使用しますか。	
□ 4. 表の作成，計算を行うソフトウェアを何といいますか。	
□ 5. 比率を見る場合，折れ線グラフと円グラフのどちらを選択しますか。	

解答
1. 文書処理ソフトウェア
2. レイアウトリボン
3. 挿入リボン
4. 表計算ソフトウェア
5. 円グラフ

情報処理のしくみ

図でおさえよう　◆情報処理の流れ

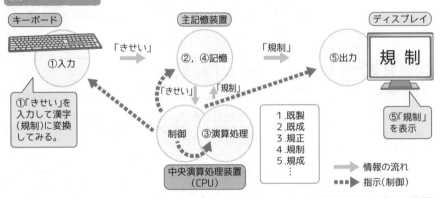

キーボード

①入力

「きせい」
→
②, ④記憶

「きせい」　「規制」

主記憶装置

「規制」
→

⑤出力

ディスプレイ

規　制

①「きせい」を入力して漢字（規制）に変換してみる。

制御　③演算処理

中央演算処理装置（CPU）

1.既製
2.既成
3.規正
4.規制
5.規成
　…

⑤「規制」を表示

⟹ 情報の流れ
┈▶ 指示（制御）

---

1 ▷ デジタル化の方法とデータ量 ☆☆☆

デジタル化をよく理解しておこう。

1 アナログとデジタル

・アナログ…温度計や目覚まし時計のように，切れ目のない連続した量で表現する方式。

・デジタル…一定の間隔のある，連続していない値で表現する方式。
└ コンピュータはデジタル化した情報を扱う。

◆アナログ温度計とデジタル温度計

2 解像度

画像は画素（ピクセル）の集まりで表現される。画素の集まり度合いを解像度という。解像度は1インチ（2.54cm）あたりの画素数で表される。解像度の数字を表す時はdpiという単位を使う。解像度が高いと画像は細かく，データ量は大きくなる。

参考　画像のデジタル化
画像は，格子状に分けて格子の集まりで表現する。その格子のひとつを**画素**（ピクセル）という。単位は**ドット**。

3 デジタル化と情報量 →文字は文字コードに置き換えられる。

①**デジタル化の方法**…0と1の数値だけを用いる2進法。

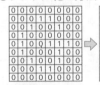

塗りつぶしていない格子を0，塗りつぶした格子を1として，数値に置き換える。

・コレ重要・
☞ **情報量の表し方。**

① 情報処理の流れをおさえよう。
② デジタル化の方法を理解しよう。
③ メディアの種類と特徴を覚えよう。

注意 デジタル化情報の特徴
・コンピュータで扱いやすい。
・修復や複製がしやすい。
・さまざまな情報をまとめて扱うことができる。

②情報量と単位…最小単位はビット(b)。8ビット=1バイト(B)
半角英数字1文字分。

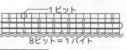
1ビット
8ビット=1バイト

1ビット	2ビット	3ビット	8ビット
2通り	4通り	8通り	256通り

1024KB = 1MB
1024MB = 1GB

④ 情報の記憶媒体…それぞれ保存可能な記憶容量がある。

DVD　　Blu-ray　　メモリカード　　USBメモリ

32GB　2GB

②メディアの種類☆☆

注意 メディアの意味
文字,音声,静止画,動画などの**表現手段**。テレビコマーシャルでは,音声,動画,文字が一緒になったものがメディアとして使われている。

	情報を伝えるときの特徴	情報を取り込む機器	加工するソフトウェア
文字	正確に伝えることが可能。	キーボード マウス	文書処理ソフトウェア
音声	感情や微妙な意味合いを容易に伝えやすい。	マイクロホン ICレコーダー	サウンド処理ソフトウェア
静止画	雰囲気や様子を視覚的に伝えることが可能。	デジタルカメラ	図形処理ソフトウェア
動画	動きや変化を視覚的に伝えることが可能。	デジタルビデオカメラ	ビデオ編集ソフトウェア

↳ Webページ作成ソフトウェアを利用すれば文字や音声,図,動画などのデータを統合してWebページを作成できる。

テストに出る 要点チェック✓

1. コンピュータは,入力された情報を(①　　　)し,(②　　　)処理し,その結果を(①)し,そして最後に(③　　　)する。

2. 数値で連続していない値で表現する方式は何ですか。

3. 画素の集まり度合いを何といいますか。

4. デジタル情報の最小単位は何ですか。

5. 文字や音声,静止画,動画などを何といいますか。

解答
1. ①記憶　②演算　③出力
2. デジタル
3. 解像度
4. ビット
5. メディア

通 信 技 術

図でおさえよう
◆情報通信ネットワークを利用した情報のやりとりの仕組み

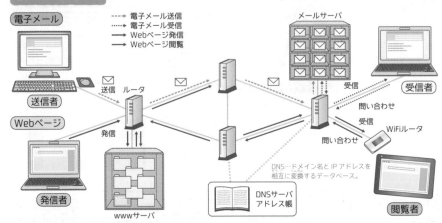

◆ URL の例　http://www.kaisya.co.jp/gijyutu_tyugaku/index.html

通信　サーバ名　組織名　組織　国名　フォルダ名　ファイル名 拡張子
方式　　　　　　　の種類

—①—　　—②—　　　　—③—

①プロトコル…通信方式
②ドメイン名…サーバを特定する名前
③パス名…フォルダ名やファイル名

---

1 通信プロトコル
☆☆☆

参考 TCP/IP

TCP はデータが正確に届いたかどうかを確認するための約束ごと。IP は大きなデータをパケットという小さい単位に分けて送るための約束ごとである。

参考 パケット

通信回線を効率よく使うためにインターネットでは、データをパケットという小さな単位に分けて送受信している。

1 **通信プロトコル**…インターネットなどのネットワーク上で情報をやりとりするための取り決め（通信規約）。インターネットでは、**TCP/IP** という通信プロトコルが使われている。
　　　　　　　世界共通である。

① **IP アドレス**…インターネットに接続された機器を特定するための**識別番号**。複雑な数字の組み合わせで一つひとつの機
　　　　　　他の機器と重複しない。
器が識別できるようになっている。

② **Web ページ**…インターネットで接続したコンピュータに文
　　　　　正確にはワールドワイドウェブ（World Wide Web）という。
字や画像、音声や動画などの情報を保存しておき、他のコンピュータから見られるようにしたもの。

　Web ページを閲覧するために使われるソフトウェアを **Web ブラウザ**という。数多く存在する Web ページを区別するために、Web ページの住所に相当するアルファベットの組み合わせを **URL** という。
　　　　　　Uniform Resouce Locater の略。

・コレ重要・
☞ 情報通信ネットワークで、情報が伝わる仕組み。

① 情報通信ネットワーク関連の言葉の意味をおさえよう。
② 情報通信ネットワークで情報が伝わる仕組みや方法を理解しよう。
③ ネットワークの危険性や知的財産権について理解しよう。

2 情報セキュリティ技術☆☆☆

発展 認証システム
なりすましを防ぐため，本人しか分からない**ユーザID**と**パスワード**を使って識別するシステム。

参考 バックアップ
コンピュータウィルスなどが原因で，重要なデータやシステムがなくなる被害を最小限にするため，あらかじめデータをコピーして保存したり，予備のシステムを用意しておくこと。

発展 個人情報の保護
情報を発信・受信するときは自分や相手の権利を守ることが大切。
・肖像権の保護
・人権・プライバシーの保護
・個人情報の保護

1 ネットワークの危険性

①**不正アクセス**…他人が本人になりすましてコンピュータに侵入すること。

②**コンピュータウイルス**…他人のデータやプログラムに対して被害を及ぼすよう仕組まれたプログラムのこと。
→ファイルの開封で感染することが多い。**ファイアウォール・ウイルス対策ソフトウェア**を使って感染を予防する。
　Firewall. 防火壁の意味。
　→フィルタリングやデータの暗号化という対策もある。

2 デジタル化された情報利用のモラル

パソコンやスマートフォンの普及で，**SNS**を利用した情報
　　　　　　　　　　　　　　　　→Social Networking Service の略。
収集・発信が容易となった。
→インターネット上に公開されている著作物には**知的財産権**が
　　　　　　　　　　　　個人が撮影した写真，動画，制作した文章，音楽などへの権利。
法律で認められている。他人の著作物を利用するときは，許可を得るなどして著作権を侵害しないよう注意する。

知的財産権	著作権	著作物に関わる	**著作権**…著作物を無断で利用されないための権利。著作権者の財産を守る。 **著作者人格権**…著作物の公表などを決定するなどの権利。著作者の人格を守る。 **著作隣接権**…放送事業者などの権利を守る。
	産業財産権 →産業振興を目的とする権利。	発明に関わる	**実用新案権，特許権，商標権，意匠権**がある。

テストに出る 要点チェック✓

☐ 1. インターネットに接続した機器を特定する識別番号を何といいますか。

☐ 2. Webページの住所に相当するアルファベットの組み合わせを何といいますか。

☐ 3. 他人のデータやプログラムに対して被害を与えるプログラムを何といいますか。

☐ 4. 知的財産権にある2つの権利を答えましょう。

解答
1. IPアドレス
2. URL
3. コンピュータウイルス
4. 著作権
　産業財産権

プログラム

図でおさえよう　◆コンピュータによる計測・制御の流れ（エアコン）と人間の行動の比較

エアコンによる室温調整の例

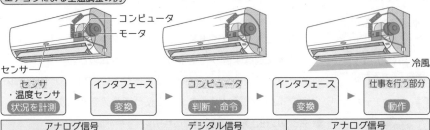

コンピュータ
モータ
センサ
冷風

センサ ・温度センサ 状況を計測	▶	インタフェース 変換	▶	コンピュータ 判断・命令	▶	インタフェース 変換	▶	仕事を行う部分 動作
アナログ信号			デジタル信号			アナログ信号		

人間による体感温度調節

暑さを感じる　　暑い！うちわを使おう　　うちわであおぐ

感覚器 ・皮膚 計測	▶	神経 伝達	▶	頭脳 判断	▶	神経 伝達	▶	筋肉 ・手，腕 動作

1 ▷ 計測・制御システム ☆☆☆

参考　インタフェース
　コンピュータとセンサや仕事を行う部分との情報をつなぐ役割をする。電気信号などの**アナログ情報**をコンピュータが認識できる**デジタル情報**に変えたり，この逆のはたらきをしたりする。

参考　計測・制御システムを利用した機器
・障害物があると自動的に止まる車
・人を感知すると動き出すエスカレータ
・人の表面温度を感知して風量を調節するエアコン

1 計測・制御システムの構成

計　測	判断・命令	仕　事
センサ	コンピュータ	仕事を行う部分
光や温度，音声など周囲の情報を計測し，電気信号に変える。	センサからの情報を判断・処理し，仕事を行う部分に命令する。	コンピュータからの命令に従って仕事をし，外界へはたらきかける。

・**コレ重要**・
☞ 計測・制御システムの各部分のはたらき。

2 センサ技術

エスカレータ(赤外線センサ)

スマートフォン(タッチセンサ)

体温計(温度センサ)

得点アップUP

① コンピュータによる計測・制御の流れを理解しよう。
② 計測・制御システムの構成を理解しよう。
③ プログラム処理の手順をフローチャートで表してみよう。

② プログラムと情報処理の手順☆☆☆

① プログラムの作成…**プログラミング**言語を用い，情報処理の手順を**フローチャート**に表現する。
　↳ものづくりの設計図と同じ。処理手順が視覚化され，問題点を発見しやすくなる。

② プログラムの処理→複雑なプログラムも3つの処理の組み合わせでできている。

参考　フローチャートの示し方

- 始め，終了
- （1つの）処理
- 繰り返し始め
- 繰り返し終了
- ◆条件による判断

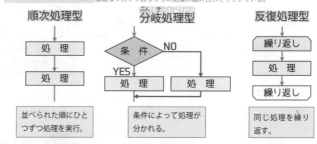

順次処理型	分岐処理型	反復処理型
処理 → 処理	条件 NO / YES → 処理・処理	繰り返し → 処理 → 繰り返し
並べられた順にひとつずつ処理を実行する。	条件によって処理が分かれる。	同じ処理を繰り返す。

参考　プログラミング言語の種類

・BASIC言語
　初心者向け。
・C言語
　OSやアプリケーションプログラムの開発向け。
・FORTRAN言語
　科学技術計算向け。

注意　著作権

　プログラムも著作物なので，無断でコピーし，使用するなど著作権を侵害しないように注意する。

③ 情報処理の手順例

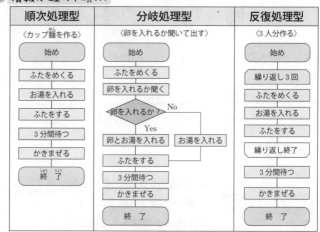

順次処理型	分岐処理型	反復処理型
〈カップ麺を作る〉	〈卵を入れるか聞いて出す〉	〈3人分作る〉
始め	始め	始め
ふたをめくる	ふたをめくる	繰り返し3回
お湯を入れる	卵を入れるか聞く	ふたをめくる
ふたをする	卵を入れるか？ No / Yes	お湯を入れる
3分間待つ	卵とお湯を入れる・お湯を入れる	ふたをする
かきまぜる	ふたをする	繰り返し終了
終了	3分間待つ	3分間待つ
	かきまぜる	かきまぜる
	終了	終了

テストに出る　要点チェック

☐ 1. コンピュータは周囲の状況を計測する（①　）からの情報を判断・処理し，（②　）などに命令を出す。

☐ 2. 情報を電気信号に変えたり，その逆を行ったりしてコンピュータと入力装置などをつなぐものは何ですか。

☐ 3. プログラムの設計図を何といいますか。

☐ 4. 情報処理の手順は，順次処理型と分岐処理型ともう1つは何ですか。

解答

1. ①センサ
　②仕事を行う部分
2. インタフェース
3. フローチャート
4. 反復処理型

19 幼児の成長

図でおさえよう

◆言語の発達の例

ワンワン　ブー
一語文を話す

ブーブきた
二語文や多語文を話す

大きいブーブがきた

あしたはおばあちゃんちへ行くんだ！！
日常会話ができる

◆情緒や自我の発達の例

知らない人には人見知りをする

喜び

怒り

感情が表れる

悲しみ

大人に反抗的になる

---

1 幼児の成長
☆☆☆

注意 乳児期・幼児期・児童期
　乳児期は出生から1歳まで，幼児期は1歳から小学校入学まで，児童期は小学校入学から卒業までをいう。

注意 自立心と自律心
　自立心は，自分の力で生活しようとする気持ちのこと。自律心は，その場に応じて自分の感情や行動をコントロールしようとする気持ちのこと。

1 言葉の発達
・自分の思いを表現し，コミュニケーションを取る手段。
　　幼児は「なぜ？」「これ，何？」と問いかけながら言葉を覚えていく。
・発音や意味は，「話す・聞く・確かめる」の積み重ねで習得される。個人差が非常に大きい。
　　大切なコミュニケーションの手段である。

2 情緒や自我の発達…言葉が不十分なため，年齢が低いほど情緒の表現は率直で激しい。
　　情緒とは，乳児期に現れる喜び，悲しみ，怒り，恐れなどや幼児期に現れる嫉妬，恥ずかしさ，得意がるなどのこと。
2歳頃→自我をもち始める。
　　　　反抗的な態度をみせる。
3，4歳頃まで→大人のもっている情緒がほぼ表れる。

3 社会性の発達…人に対して示すさまざまなはたらきかけや反応は，身近な人との経験を通して身につけていく。
・家族や周りの人との触れ合い。
・友達との遊びの中での自己主張。
・人を思いやる。

2 幼児と地域 ☆☆

発展 保育所と幼稚園，認定こども園

保育所は厚生労働省の管轄で「福祉施設」，幼稚園は文部科学省の管轄で「教育施設」，認定こども園は内閣府の管轄で「幼保一体型施設」と捉えられている。

参考 ファミリーサポートセンター

育児や介護について，希望する人が会員となり，地域で助け合う会員組織。

管轄が違うんだね。

1 乳幼児や家族を支える施設

①保育所 →親が就労などのために保育できない家庭が対象。

- 0歳から就学前が対象。
- 保育時間は，早朝から夜遅くまで。

②幼稚園

- 3歳から就学前が対象。
- 保育時間は，9時から14時までが多い。

③認定こども園

- 0歳から就学前が対象。
- 保育所と幼稚園の機能を合わせもつ。
- 地域の子育て支援も担う。

④子育て支援センター

- 子育て中の親が集う場を提供する。
- 悩みや子育てに関する相談を受け，地域の子育て家庭への育児支援を行う。

⑤放課後児童クラブ（学童保育）

- 小学校入学以降の子どもが対象。
- 放課後，家にだれもいない場合に適応。

⑥児童館

- 18歳までの児童とその保護者が対象。
- 遊びを通して体力増進を図る。子育て支援の機能も。

すいすい暗記　2歳児に　芽生えた自我で　けんか増え

テストに出る 要点チェック ✓

解答

☐ 1. 幼児期は1歳からいつまでですか。

☐ 2. 年齢の低い幼児の情緒の表現が激しいのはなぜですか。

☐ 3. 3歳頃，我慢ができるようになるのは，何が身についてきたからですか。
　　反抗心　　自立心　　自律心

☐ 4. 地域の子育て家庭の育児支援を行う施設を何といいますか。

1. 小学校入学まで
2. 自分の希望を言葉で十分伝えられないから
3. 自律心
4. 子育て支援センター

20 幼児の発達

図でおさえよう　◆基本的生活習慣の習得

1歳　　　　　　　　　　　　　　　　　　　　　　　　6歳

大人の手助けで手洗いや排せつをする。

自分で歯磨きや手洗いができる。

自分でスプーンを使って食べようとする。

自分で衣服の着脱をしようとするが，大人の手助けが必要。

自分で衣服の着脱や調節ができる。

箸を上手に使い食事する。

1 体の発達☆☆☆

注意　幼児期のおよその身長と体重

生まれたとき
→身長：50cm
　体重：3kg
1歳→身長：75cm
　　体重：9kg
4歳→身長：100cm
　　体重：15kg

参考　個性と個人差

　はいはいをしたり，言葉を話したりする時期には個人差がある。また，よく泣く子や興味・関心の違いなどそれぞれ個性がある。家族はこうした個人差に気づき，個性を尊重することが大切である。

1 運動機能

　幼児期の体は著しく発達する。身長は約50cmから1歳で約1.5倍，4歳で約2倍になる。体重は約3kgから1歳で約3倍，4歳で約5倍になる。

①身長に対する頭の割合が大きい。

②体に比べて頭が大きいので転倒，転落しやすい。→足が短いことも原因。

③運動機能の順序性→中枢部から末端部へ発達する。

・首がすわる→座れる→はいはい→つかまり立ち→伝い歩き→ひとり歩き→走る→スキップ

・腕全体を動かす→指先を器用に使う→中枢部から末端部へと発達する。

◆身体機能の発達

はいはい　　歩く　　走る　　片足ではねる

積み木やボールをつかむ　→　本のページをめくる　→　えんぴつでかく

コレ重要

☞幼児の体の発達における，順序性と個人差。

① 幼児の体は頭の割合が大きいという特徴をおさえよう。
② 幼児の身長・体重や生理的機能の特徴を覚えよう。
③ 運動機能や生活習慣が身につく年齢を覚えよう。

参考　幼児と大人の脈拍数

幼児
→ 100〜110拍/分
大人
→ 70〜80拍/分

発展　幼児の骨

やわらかいので、かたくなるまで、適度な運動やバランスのよい食事をこころがける。

② 生理的機能 →呼吸数が多いのは体重1kgあたりに酸素の消費量が多いからである。

・体温が高い→体温を調節する機能が未熟で汗をかきやすいため、水分の補給が大切。
・長い睡眠時間→疲労回復とエネルギー蓄積のため。
・脈拍数が多い。
・呼吸数が多い。
・骨がやわらかい→成長するにつれてカルシウムが付着してかたくなる。

🚩 生活習慣の習得☆☆☆

注意　生活習慣の習得に必要なもの

・幼児の気持ちに寄り添う。
・幼児の心身の発達に合った配慮や援助をして、見本を示すようにする。

① 基本的生活習慣…生きていくうえで欠かせない習慣的な行動。健康的な発達につながり、自立した生活の基礎となる。

② 社会的生活習慣…社会の一員として守るべき社会的な約束ごとやマナーなど。→社会の一員としての自覚を持って生きるために重要である。

1歳→「ばいばい」などの身振りをする。
　　・食後前後の挨拶ができる。→周りの人が手本を示すとよい。
2歳→就寝前後の挨拶ができる。
4歳→道路に飛び出さない、道路の右側を歩くなど交通安全のルールが守れる。
　　・ブランコや滑り台などの順番が守れる。
5歳→挨拶がきちんとできる。
　　・順番を守ることができる。
　　・ごみをごみ箱に捨てたり、公共の乗り物では騒がないなど社会生活のきまりが守れる。

テストに出る　要点チェック ✓

☐ 1. 首がすわってから座れるようになるように発達の順番が決まっていることを何といいますか。

☐ 2. 幼児期の発達は、頭と中枢部のどちらから始まりますか。

☐ 3. 幼児の呼吸数は大人と比べてどうですか。

☐ 4. 生きていくうえで欠かせない習慣的な行動のことを何といいますか。

☐ 5. 社会的生活習慣にあてはまるものはどれですか。
　　順番を守る　　箸を使える　　歯磨きをする

解答

1. 順序性
2. 頭
3. 多い
4. 基本的生活習
5. 順番を守る

21 幼児の生活

図でおさえよう　◆遊びの変化

一人で大人と	友達のそばで	少数の友達と	大勢の友達と

サッカー，ドッジボール
トランプ
おにごっこ

ままごと，ごっこ遊び

ブロック，積み木遊び
乗物遊び，砂遊び

1歳〜2歳	3歳	4歳	5〜6歳

1 幼児と遊び ☆☆☆

注意　遊び場所
・屋外で体を十分動かせる。
・自然にも触れられる。
・安全である。
・発達に適切。
・一緒に遊ぶ友達や見守る大人がいる。

発展　おもちゃについているマーク
・STマーク…日本玩具協会の安全基準に合格したものにつけられる。

ST

・共遊玩具マーク…目や耳が不自由な子どもも一緒に遊べるおもちゃにつけられている。

盲導犬マーク　うさぎマーク

① **遊びの役割**…体と心の全体的な発達と関係し，**生きていく力**の基礎になる。

・**遊びと心身の発達の関係**

・**遊ぶ場所**→安全・安心が必要

自分の中　室内
外　劇場

② **おもちゃ**→紙や木，葉っぱ，ペットボトル，手，言葉などもおもちゃになる。

①**役　割**…遊びのきっかけをつくり，イメージを広げ，そのイメージを友達などど共有して遊びを豊かにする。

②**選ぶポイント**

・体や心の発達に合っているもの。
　→扱いやすい大きさや使いこなせる種類や数があることが大切。

・幼児が工夫して，いろいろな遊び方ができるもの。
　→遊びが発展するものがよい。

・**安全性**への配慮があり，丈夫なもの。

・幼児が**関心・興味**を示すもの。
　→色や形が美しいことも大切。

・**コレ重要**・
☞ 遊びには，**安全・安心な環境**が必要。

① 年齢が上がるにつれて遊びが変化していくことを理解しよう。

② 遊びの役割を理解しよう。

③ 子どもを守る条約・権利を覚えよう。

▶ 触れ合い体験☆☆

注意 訪問先での注意点
・訪問先の保育者の指示に従う。
・挨拶は元気に行う。
・言葉遣いに気をつける。
・わからないときは必ず，保育者に聞く。

① **幼児と上手な触れ合い方** →幼児の気持ちを大切に優しい気持ちで接する。

・目線の高さを合わせて，ゆっくりと話す。→目をみながら。

・幼児の話は，最後まで丁寧に聞く。

・優しい気持ちで接する。

・笑顔で，肯定的に関わる。

② **触れ合うときの注意点** →体調が良くない時は，必ず先生に伝える。

・幼児を肩より高く持ち上げない。

・施設内では大声や激しい動きは避ける。

・アクセサリーなどは身につけず，清潔にする。→腕時計なども危険なのではずす。

・動きやすい服装にする。

髪の毛は束ねる。

爪は短く切る。

手をしっかり洗っておく。

▶ 子どもを守る条約・権利☆☆☆

参考 児童虐待の防止
2000年11月「児童虐待の防止等に関する法律」が施行された。

① **子どもの権利条約**…子どもの人権に関する世界で最初の国際的な条約。児童（18歳未満のすべての子ども）の人権の尊重と保護の促進が目的。

→「生きる権利」「育つ権利」「守られる権利」「参加する権利」の4つの権利を守ることに言及。

② **児童憲章**…日本初の子どもの権利宣言

③ **児童福祉法**…児童福祉の基本理念を明示。

児童憲章前文（抜粋）
・児童は，人として尊ばれる。
・児童は，社会の一員として重んぜられる。
・児童は，よい環境の中で育てられる。

テストに出る 要点チェック ✓

☐ 1. 1歳頃の遊びの特徴は何ですか。

☐ 2. 5歳頃で大勢の友達と協力して遊ぶのに適した遊びをひとつ答えましょう。

☐ 3. 日本初の子どもの権利を守る宣言を何といいますか。

☐ 4. 「子どもの権利条約」で定められた4つの権利ではないものはどれですか。
ア 育つ権利　　イ 遊ぶ権利　　ウ 生きる権利

解答

1. 一人で大人と

2. おにごっこなど

3. 児童憲章

4. イ

22 食　生　活

1 ▷食事の意義
☆☆☆

バランスの良い
食事をしよう！

1 生命・健康の維持
・栄養的にバランスのよい
食事が重要。
・運動・休養とともに，健
康的な生活のために大切。

健康な体つくりの基本

```
        食事
         │
運動 ── 健康的な ── 休養
       生活
```

2 人間関係の構築
家族や友達との食事や食事の準備，後片づけによって触れ合
→いろいろ話すことも大切な食事の役割。
いの場が広がり，関わりが深まる。
→食事が楽しくなる。

3 食文化の伝承
①行事食に触れる。

春	ひなまつり→ちらしずし，ひなあられ	
	端午の節句→ちまき，かしわもち	
夏	土用の丑の日→うなぎ料理	
秋	秋の彼岸→おはぎ　　十五夜→月見だんご	
冬	大晦日→年越しそば　　正月→お節料理，雑煮	

②郷土料理を知る。

箱寿司（大阪府）

ひつまぶし（愛知県）

深川丼（東京都）

4 生活リズムの構築
①朝　食→朝食には睡眠中に下がった体温を上昇させ，午前中
の活動に必要なエネルギーを補給する役割がある。

②生活リズム
・1日3回決まった時刻に食事をする。
・毎日朝食を食べる→食べないと疲れやすくなり，集中力も低
下する。
・夜遅い食事は少なくする→夜は活動量が少ないので太る原
因，朝食を抜く原因になる。

注意　行事食
　生活の節目の行事や祭
りのときに食べる特別な
食事。

注意　郷土料理
　その土地特有の食材や
調理方法で作られた地域
の伝統食。

発展　朝食はなぜ必要か。
　1日2食では体温が上
がらず，午前中の活動に
悪影響を及ぼす。また，
栄養不足で体調不良の原
因にもなる。

得点アップUP

① 食事の4つの意義を覚えよう。
② 朝食の重要な役割，意義を理解しよう。
③ 生活習慣病の原因やどのような病気があるのか理解しよう。

② 食習慣 ☆☆☆

参考 早食いはなぜいけないのか

よくかまないので満腹感を得ないまま食べ続けることになる。その結果，肥満になりやすくなり，胃や腸に負担がかかることになる。

① **食習慣**…食事の嗜好，回数，時刻，量など繰り返し行われる食事の習慣。成人になってからの健康に影響。

② **よくない食習慣の例**
①**欠食**（食事を抜く）→長時間の欠食はエネルギー不足に。
②**過食**（食べ過ぎ）→脂肪の多いもの，甘いものは肥満に。
③**偏食**（好き嫌い）→必要な栄養素がバランスよくとれない。
④**早食い**→肥満になりやすく，胃や腸に負担がかかる。

③ 生活習慣病 ☆☆

注意 食習慣

とくに欠食や過食，塩分のとり過ぎなどの**食習慣**が生活習慣病の要因。

① **生活習慣病**…不適切な食習慣や運動不足，睡眠不足などの生活習慣が関係する病気。→塩分のとり過ぎは高血圧，砂糖や脂肪のとり過ぎは肥満の原因。

② **予　防**…生活習慣を見直す。不適切な食習慣は，生活習慣病の原因の1つである。

③ **引き起こされる病気**…心臓病，糖尿病，がん，脳卒中など。

④ 食事の形態 ☆☆

注意 孤食と個食

最近増えている食事の形態である。疲れやすい，イライラしやすいという傾向が共食をする場合より多くみられる。

① **孤食**
ひとりだけで
食事をする。

② **個食**
ひとりひとり
が違うものを
食べる。

③ **共食**
　家族や友達といっしょの食事は，大切なコミュニケーションの場となる。また，楽しい食事は心身両面の健康によい影響がある。

テストに出る 要点チェック ✔

☐ 1. 正月の行事食を1つ答えましょう。

☐ 2. 朝食の役目は睡眠中に下がった（① 　　）を上げ，（② 　　）を補給することである。

☐ 3. 生活習慣に原因がある病気のことを何といいますか。

☐ 4. ひとりだけで食事をすることを何といいますか。

解答
1. 雑煮，お節料理など
2. ①体温
　　②エネルギー
3. 生活習慣病
4. 孤食

23 栄 養 素

図でおさえよう

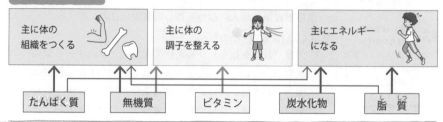

| 主に体の組織をつくる | 主に体の調子を整える | 主にエネルギーになる |

↑　　↑　　↑　　↑　　↑

| たんぱく質 | 無機質 | ビタミン | 炭水化物 | 脂 質 |

1 五大栄養素
☆☆☆

注意　脂溶性ビタミンと水溶性ビタミン
油に溶けやすいものを**脂溶性ビタミン**（ビタミンA，D）といい，水に溶けやすいもの（ビタミンB₁，B₂，C）を**水溶性ビタミン**という。

発展　炭水化物の分解
炭水化物に含まれる糖質は，ぶどう糖に分解され，血液とともに全身をまわり，とくに脳の重要なエネルギー源になる。

1 五大栄養素の特徴

栄養素	特　徴
たんぱく質	体内でアミノ酸に分解されて吸収。 →たんぱく質は4kcal/1gのエネルギーを発生。 筋肉，臓器，血液などをつくる。
無機質 →ミネラルとも。	・**カルシウム，リン**→歯や骨のもと。 ・**鉄**→血液をつくる。不足すると**貧血**。
ビタミン	・**ビタミンA**→体の成長を助ける。目や皮膚，粘膜の健康を保つ。 ・**ビタミンB₁，B₂**→炭水化物や脂質がエネルギーに変わるときに必要。 ・**ビタミンC**→血管を強くし，傷の回復を早める。 ・**ビタミンD**→歯や骨を強くする。
炭水化物 4kcal/1gのエネルギーを発生。	・**糖質**→砂糖やでんぷんがぶどう糖などに分解され，エネルギー源となる。 ・**食物繊維**→腸の調子を整え便通をよくする。消化されないのでエネルギー源にはならない。
脂 質	細胞膜の成分。脂肪（脂肪酸とグリセリンに分解）やコレステロールなど。 →脂質は9kcal/1gのエネルギーを発生。

・コレ重要・
☞ 食物繊維は有害物質を排泄するので生活習慣病の予防になる。

① 五大栄養素の種類とはたらきは確実に覚えよう。
② 体に含まれる水分の量や重要性を理解しよう。
③ 食事摂取基準から，中学生にとくに必要な栄養素を知ろう。

２ 水の役割☆☆

参考 水の出入り
1日に約2.5Lの水が，飲み物や食べ物を通して入り，汗や尿として出ている。

① 水のはたらき…生命維持に不可欠。
- ・栄養素の運搬。
- ・老廃物の運搬・排出。
  →尿や汗のこと。
- ・体温調節。

② 水分補給の重要性
- ・不足→熱中症や脱水症状の原因。
- ・普段から十分な水分をとることを心がける。

３ 食事摂取基準 ☆☆☆

注意 中学生の摂取基準の特徴
中学生は成長が著しく，活動も盛んなので，栄養素の中には，成人に比べて摂取基準が多いもの（**カルシウムや鉄**など）がある。

注意 μg
μgはマイクログラムと読む。 1mg = 1000μg である。

① 食事摂取基準…生命維持・増進，成長，生活習慣病予防に必要なエネルギーや栄養素の摂取量の基準。

→**身体活動レベル**（年齢，性別，活動量の違い）で示される。
→レベルⅠ（低い），レベルⅡ（ふつう），レベルⅢ（高い）で表される。

		エネルギー	たんぱく質	無機質		ビタミン				
				カルシウム	鉄	ビタミンA	ビタミンB₁	ビタミンB₂	ビタミンC	ビタミンD
		kcal	g	mg	mg	μg	mg	mg	mg	μg
12～14歳	男	2600	60	1000	11.5	800	1.4	1.6	95	5.5
	女	2400	55	800	14.0	700	1.3	1.4		
30～49歳（成人）	男	2650	60	650	7.5	.900	1.4	1.6	100	5.5
	女	2000	50		10.5	700	1.1	1.2		

→無機質は成人より多くとる必要のある栄養素。

テストに出る 要点チェック✓

- ☐ 1. 食物繊維がエネルギー源にならないのはなぜですか。
- ☐ 2. 食物繊維は，何の予防に効果的ですか。
- ☐ 3. 歯や骨を強くするビタミンは何ですか。
- ☐ 4. 水は体外には主にどのような形で出ていますか。
- ☐ 5. 成長に必要なエネルギーや栄養素の摂取量の目安を示したものを何といいますか。

解答
1. 消化されないから。
2. 生活習慣病
3. ビタミンD
4. 汗や尿
5. 食事摂取基準

24 献立

1 食品成分表☆☆

① 食品成分表…可食部 100g 中に含まれるエネルギーや栄養素の量を示したもの。

- 可食部…食品の骨や皮など食べられない部分を除いた，**食べられる部分のこと。**

② 参照する際に注意すること

- 1 回に食べる量は 100g とは限らない。
  実際に食べる量のことを考える。
- 食品により，1 回に食べやすい量に違いがある。

廃棄率から可食部を計算できるようにしたいね。

	乾燥わかめ	ほうれんそう	牛乳	にんじん
廃棄率	0%	10%	0%	3%
1 回の量	2.5g	25g	200g	25g

- 廃棄率…食品全体の重さに対する廃棄する部分の割合。

2 6 つの食品群☆☆☆

① 6 つの食品群…5 大栄養素のうち，同じような栄養成分を含む食品を 6 つのグループに分けたもの。

② 食品群別摂取量の目安…1 日に必要な食品の量を食品群別に示したもの。→食品成分表を使って調べてみよう。

注意 1 群の食品
動物性食品と植物性食品がある。目安として，卵（50 ～ 60g）は 1 日 1 個はとるとよい。

注意 3 群の食品
色の濃い野菜を緑黄色野菜といい，ビタミン C やカルシウム，鉄，食物繊維も含んでいる。

はたらき	食品群	主な成分	摂取量の目安	主な食品
主に体の組織をつくる	1 群	たんぱく質	男 330g 女 300g	魚,肉,卵,豆,豆製品
	2 群	無機質（カルシウム）	400g	牛乳, 乳製品, 小魚, 海藻
主に体の調子を整える	3 群	カロテン	100g	緑黄色野菜
	4 群	ビタミン C	400g	3 群以外の野菜, 果物
主にエネルギーになる	5 群	炭水化物	男 500g 女 420g	穀類, いも類, 砂糖
	6 群	脂質	男 25g 女 20g	油脂, 脂肪の多い食品

↳ 12 ～ 14 歳。

・コレ重要・
☞ 緑黄色野菜とその他の野菜では主成分が違う。

① 食品成分表の可食部と廃棄率の意味を理解しよう。

② 6つの食品群のはたらき，主な成分，代表的な食品を覚えよう。

③ 献立づくりの手順にそって，献立をたててみよう。

技術・家庭 家庭分野

---

3 献 立 ☆☆☆

参考 概量
食品のおよその重さのこと。

発展 調理の簡便化
調理に時間がかけられないときは，常備菜や調理済み食品を利用するのもよい。外食では，主食，主菜などの組み合わせを意識する。

1 **献 立**…食事つくりの計画。

①主食，主菜，副菜，汁物を組み合わせる。

②デザートに乳・乳製品，果物を加える。

③食品群別摂取量の目安，食品の概量を基本にする。

④食べる人の好み，費用，調理時間，季節なども考慮する。

2 **献立づくりの例** →主菜を選んでから主食を選ぶ方法も。

①主食（主に5群）　　　②主菜（主に1群）

③副菜（主に2，3，4群）　④汁物，飲み物

⑤栄養のバランスと分量の確認

---

4 日本型食生活 ☆☆

参考 日本型食生活のよさ
・食物繊維が多くとれる。
・エネルギーとなる栄養素のバランスがよい。

1 **一汁三菜**…和食の形態。
→箸の使い方にも注意。

主食（米飯）＋汁物（一汁）＋

おかず（主菜1品，副菜2品）

2 2013年12月，**ユネスコ無形文化遺産**に登録→食文化の継承にもつながる。

主菜／副菜／主食／汁物

すいすい暗記 いちは じゅうさんさい（13歳） わっ！ しょっく！

テストに出る 要点チェック✓

□ 1. 食品の，食べられる部分を何といいますか。
□ 2. 1群の食品群に含まれている主な成分は何ですか。
□ 3. ビタミンCを含む緑黄色野菜以外の野菜や果物は何群の食品ですか。
□ 4. 献立には，主食，主菜以外に何を組み合わせますか。
□ 5. 和食はどのような組み合わせになっていますか。

解答
1. 可食部
2. たんぱく質
3. 4群
4. 副菜・汁物
5. 一汁三菜

25 食品の選択

図でおさえよう　◆生鮮食品の鮮度の見分け方

野菜・果物　みずみずしく，色鮮やかでつやがある

卵（のうこうらんぱく）濃厚卵白（どろっとした部分）　卵黄がもり上がっており，卵白に濃厚卵白が多い

魚　目…透明で，にごっていない

えら…鮮やかな赤色

身…透明感とつやがある

切り身　液汁が出ていない

肉

牛肉　赤身…鮮やかな赤色　脂身…つやのある白色

ぶた肉　赤身…みずみずしいピンク色　脂身…つやのある白色

◆加工食品の表示例

原材料名は，使用量の多い順に表示される。添加物とそれ以外の原材料は明確に区分して表示される。

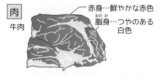

〔冷凍食品〕	
名　称	冷凍ギョウザ
原材料名	野菜（キャベツ，白菜，たまねぎ，にら，ニンニク），豚肉，皮（小麦粉，食塩），いりごま，植物油，香辛料，食塩，たれ（醤油，醸造酢，味醂），ラー油，調味料
内容量	400g（20個入り）
賞味期限	2022.12.24
保存方法	−18℃以下で保存してください
解凍方法の有無	加熱してありません
調理の必要性	加熱してください
製造者	株式会社○○　東京都○○市○○町○○　TEL ○○−○○○○−○○○○

本製品には，下表の■で示したアレルギー物質を含む原材料を使用しています。

卵	乳	小麦	えび	かに
そば	落花生	あわび	いか	いくら
オレンジ	ごま	キウイフルーツ	牛肉	くるみ
カシューナッツ	さけ	さば	大豆	鶏肉
バナナ	豚肉	まつたけ	もも	やまいも
りんご	ゼラチン			

栄養成分表示（100g当り）

エネルギー	240kcal	炭水化物	14.0g
たんぱく質	7.5g	食塩相当量	460mg
脂　質	17.5g	この表示値は，目安です。	

---

1 生鮮食品 ☆☆

参考　野菜や果物の表示
生産者や栽培方法などが表示されることもある。

参考　旬と出盛り期
市場への入荷量がいちばん多い時期を出盛り期といい，旬と異なるものもある。

1　**生鮮食品の旬**…味がよく，たくさん出回る時期。　←価格も安い。

・季節感が楽しめる。

・地域によって，旬の時期は異なる。

2　**生鮮食品の表示**→パック詰めされた魚や肉の場合。

① 名　称　② とれた場所（原産地）　→国内産は漁獲した水域名など。

③ 保存方法　④ 消費期限

⑤ 加工年月日　→包装した日付。

⑥ 加工業者・販売業者名と住所

ほうれんそうのビタミンC含有量100g中

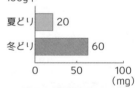

夏どり　20

冬どり　60

（文部科学省「日本食品標準成分表2010」より）

---

2 加工食品 ☆☆

参考　食品添加物
保存料，酸化防止剤，増粘剤，着色料などがある。

1　**加工食品の目的**

① 保存性を高める → 乾物，冷凍食品，缶詰，くん製など。　←煙の防腐加工を利用。

② 調理の手間を省く → 下ごしらえした食品，調理済み食品

③ 新しい食品を作る

2　**食品添加物**…製造・加工過程で，加工や保存を目的に食品に加えられるもの。

① 食品の鮮度の見分け方を理解しよう。
② 加工食品の目的を理解しよう。
③ 食品の保存方法を覚えよう。

参考　食品衛生法
　使用できる食品添加物の種類や量を定めている。

参考　賞味期限
　製造日から3か月を超えるものは年月で示す。

③ 消費期限と賞味期限

消費期限	安全に食べられる期限	製造日を含めておよそ5日以内	弁当, そうざい, 食肉など
賞味期限	おいしさが保証される期限	比較的長い期間	牛乳, ハム, 冷凍食品, 即席めん, 缶詰など

・コレ重要・
☞ 消費期限は安全の, 賞味期限はおいしさの期限。

③ 食品の保存☆☆

発展　食品のマーク
① JASマーク

JAS規格を満たす食品。
② 冷凍食品認定証マーク

認定基準に適合した工場で製造された冷凍食品。
③ 特定保健用食品マーク

特定の保健効果が期待できる食品。

① 保　存…食品に合った方法で保存。
② 食中毒…不適切な保存方法により発生する。細菌・ウイルスが原因。

細菌が増える条件	
温　度	30～40℃が最適。
水　分	細菌の生命維持に必要。
栄養分	細菌の食べ物があるとよく増える。

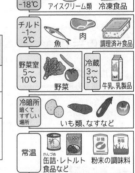

③ 食中毒予防の三原則
細菌, ウイルスを「つけない」「増やさない」「やっつける」。
←手を洗う。　←低温で保存する。　←加熱する。

テストに出る 要点チェック✔

☐ 1. 新鮮な魚は, 目に（①　　　）があり, にごっていない。また, えらが（②　　　）色をしている。

☐ 2. 加工食品の原材料名はどのような順番で表示されますか。

☐ 3. 食品を安全に食べることができる期限を示したものを何といいますか。

☐ 4. じゃがいもの保存場所として適しているのはどこですか。

☐ 5. 食中毒予防の三原則を答えましょう。

解答
1. ①透明感
　②鮮やかな赤
2. 使用量の多い順
3. 消費期限
4. 冷暗所
5. つけない, 増やさない, やっつける

26 調理

月　日

図でおさえよう

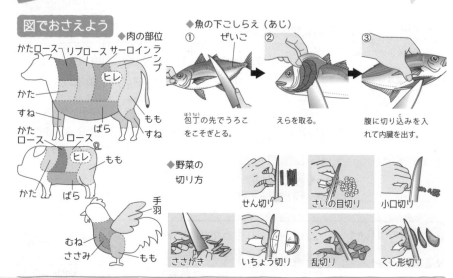

◆肉の部位
かたロース／リブロース／サーロイン／ランプ／ヒレ／かた／すね／もも／すね／ばら／かたロース／ロース／ヒレ／もも／かた／ばら／手羽／むね／ささみ／もも

◆魚の下ごしらえ（あじ）
① ぜいご　包丁の先でうろこをこそぎとる。
② えらを取る。
③ 腹に切り込みを入れて内臓を出す。

◆野菜の切り方
せん切り／さいの目切り／小口切り／ささがき／いちょう切り／乱切り／くし形切り

① 肉の特徴☆☆

参考　肉がかたくなるのを防ぐ方法
・筋を切る。
・肉たたきでたたく。
・しょうが汁などにつけておく。

注意　肉を衛生的に扱う方法
・中まで十分に火を通す。
・生の肉を扱った包丁やまな板，菜箸などが調理済みの食品に触れないようにする。

参考　とり肉に適した料理
・むね→から揚げ・焼きとり
・ささみ→蒸し物
・もも・手羽→から揚げ・ソテー

① 全般の特徴
①たんぱく質，脂質，ビタミンを多く含む。
②肉の種類，部位によって成分の種類，量が異なる。
③牛肉，ぶた肉，とり肉がよく使われる。

② 肉の調理上の性質
①加熱すると身が縮み，肉汁が出るのでかたくなる。
②筋の多い肉は長時間加熱するとやわらかくなる。→コラーゲンが分解される。
③始め強火で表面のたんぱく質をかためるとうまみが残る。
④汁物は水から長時間煮るとうまみが汁に出る。

・コレ重要・
☞ 肉は加熱するとかたくなるが，筋はやわらかくなる。

③ 部位に適した料理

牛肉	かたロース	焼肉	ぶた肉	かたロース	とんかつ
	サーロイン　ヒレ	ステーキ		ロース　ヒレ	ソテー
	ばら	カレー		ばら	シチュー
	すね	シチュー		もも	焼きぶた

① 肉の部位に適した料理を覚えよう。
② 魚の身の特徴や調理上の性質を理解しよう。
③ 野菜の調理上の性質を理解しよう。

2 魚の特徴 ☆☆

1 全般の特徴
①たんぱく質，脂質，ビタミンを多く含む。
②産卵期は脂質含有量が多いのでおいしい。

発展 魚の脂質
脳卒中や心臓病予防に効果的。

2 白身魚 → たら，かれい，たいなど。
①脂質が少なく味が淡泊。
②生はかたいが，加熱でほぐれやすくなる。

参考 加熱による変化
魚の皮は，加熱すると収縮して身から離れたり，破れたりする。防ぐには，皮に切れ目を入れる。

3 赤身魚 → かつお，まぐろ，あじなど。
①身が赤く，味は濃厚。
②生はやわらかいが，加熱でかたくなる。

4 魚の調理上の性質 → うまみを逃さない。
①焼き魚…表面を強火で加熱し，後に弱火に。→中まで火を通す。
②煮魚…煮汁を沸騰させてから入れる。→表面のたんぱく質を固める。

5 魚の生臭さを消す方法
①冷水，酢水などで洗う。→切り身はうまみが逃げるので普通は洗わない。
②塩をふり，出てきた水分を拭き取る。
③梅干し，みそ，しょうゆ，酢などを調理に使う。

3 野菜の特徴 ☆☆

1 全般の特徴
①ビタミン，無機質，食物繊維が豊富。
②花や葉，根や茎，果実などを食べるものがある。
→キャベツやはくさいなど。　→だいこん，にんじんなど。　→きゅうり，トマトなど。

好き嫌いせず食べよう。

2 野菜の調理上の性質
①生で食べるとビタミンCの残存率が高い。
②加熱するとやわらかくなり，かさが減り多く食べられる。→青菜は短時間で処理する。
③あくの強い野菜は，あくを除いたり加熱したりして食べる。
④褐変の防止（ごぼう，れんこん）には水につける。→リンゴやバナナでも起こる。

テストに出る 要点チェック ✓

1. 右の図①の部位を何といいますか。
2. 肉が縮んでかたくなるのを防ぐ方法を1つ答えましょう。
3. 産卵期の魚がおいしいのはなぜですか。
4. 白身魚は脂質が少なく，味は（①　　）で，赤身魚は，実が赤く，味は（②　　）である。
5. 野菜をゆでることで大きく減るビタミンは何ですか。

解答
1. ささみ
2. 筋を切るなど
3. 脂質含有量が多くなるから。
4. ①淡泊
　　②濃厚
5. ビタミンC

27 調 理 実 習

図でおさえよう

◆ハンバーグの調理

| 0 | 5 | 10 | 15 | 20 | 25 | 30 | 35 | 40 | 45 | 50分 |

①下ごしらえをする　②、③こねて形を整える　④焼く　⑤ソースを作る　⑥盛りつける

■ 加熱　　■ その他の作業

①下ごしらえをする	②たねを作る	③形を整える	④焼く	⑤ソースを作る	⑥盛りつける
				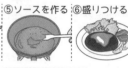	
たまねぎをみじん切りにする	よくこねる	中央をくぼませる	両面にこげ目がつくまで焼く	ハンバーグを取り出したあとのフライパンでソースを作る	

◆さけのムニエルの調理

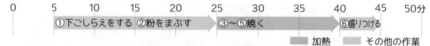

| 0 | 5 | 10 | 15 | 20 | 25 | 30 | 35 | 40 | 45 | 50分 |

①下ごしらえをする　②粉をまぶす　③～⑤焼く　⑥盛りつける

■ 加熱　　■ その他の作業

①下ごしらえをする	②小麦粉をまぶす	③焼く	④裏返して焼く	⑤バターを絡める	⑥盛りつける
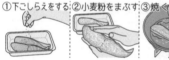					
さけに塩，こしょうを振っておく	小麦粉をまぶす	盛りつけ時に表になるほうを先に焼く	焼き色がつくまで焼く	バターとレモン汁を加える	バターソースをかけ，盛りつける

1 ハンバーグの調理☆☆☆

発展 肉以外の材料の役目

- いためたたまねぎ…甘味や風味を増す。
- 牛乳…肉の臭みを消しやわらかくする。
- パン粉…うま味を保つ。
- 卵…つなぎの役割。

① 手順の注意点

下ごしらえ	みじん切りにしたたまねぎをいため，冷ます。
たねを作る	①パン粉を牛乳に浸す。 →パン粉は肉が縮むのを防ぐはたらきも。 ②卵，たまねぎ，塩，こしょうを加える。 ③ねばりが出るまでこねる。 →こねる回数が少ないとぼろぼろに。
形を整える	①手のひらに打ちつけるようにして空気を抜く。 ②平らな楕円形にして中央部をくぼませる。 →厚さは1.5cmくらいが火の通りがよい。

① ハンバーグの中央部をへこませて焼く理由を理解しよう。
② ムニエルの小麦粉の役割を理解しよう。
③ 各手順での，火加減を知ろう。

注意 中央部をくぼませる理由
　加熱すると周辺部が先に縮み，その分まん中が高くなる。くぼませておくと，焼き上がりが平らになる。

注意 空気を抜く理由
　たねの中に空気が入っているとハンバーグが割れる。

焼く	①フライパンを中火で熱し油を入れ，ハンバーグを置き，2〜3分焼く。→うまみを閉じ込める。 ②焼き色がついたら，裏返しふたをして弱火で7〜8分焼く。→中までしっかり火を通す。 ③竹ぐしを中心部に刺し，透明な肉汁が出てきたらできあがり。
ソースを作る	①ハンバーグを取り出したあとのフライパンの油を軽く拭き取る。 ②トマトケチャップとソース，牛乳を加えて中火で煮る。 ③煮立ったら弱火にし，1〜2分煮詰める。
盛りつける	ハンバーグを皿に盛りつけ，ソースをかける。

2 さけのムニエルの調理 ☆☆☆

参考 ムニエルとは
　魚に小麦粉をまぶしてバターで焼く料理。

発展 小麦粉の役目
　加熱によって魚のうま味をとじ込める膜となる。香ばしさも増す。

注意 小麦粉をまぶしたあと
　魚に粉をまぶして長くおくと水分を吸収してべとべとになる。粉を振ったらすぐに焼く。

① 手順の注意点

下ごしらえ	①さけ全体に塩，こしょうを振り約10分おく。 ②出てきた水分は拭き取る。
小麦粉をまぶす	①焼く直前に両面に小麦粉をまぶす。 ②余分な粉ははたいて落とす。
焼く	①フライパンを中火で熱し油を入れ，盛りつけるときに表になるほうを下にして焼く。→中心部が生焼けになり，食中毒の原因になる。 ②焼き色がつくまで中火で3〜4分焼く
裏返して焼く	①裏返して焼き色が付くまで弱火で3分ほど焼く。→身がくずれるので裏返すのは1度だけ。 ②出てきた油は，軽く拭き取る。
バターを絡める	バターとレモン汁を加え，さけにからめながら中火で1〜2分焼く。
盛りつける	さけを皿に盛りつけ，バターソースをかける。→バターはこげやすいので火加減に注意する。

テストに出る 要点チェック✔

☐ 1．ハンバーグのたねを手のひらに打ちつけるようにして空気を抜くのはなぜですか。

☐ 2．ハンバーグの形を整えるとき，（①　　　）をくぼませると焼き上がったとき，（②　　　）な形に出来上がる。

☐ 3．さけのムニエルで小麦粉をまぶしたあとはどうしますか。

☐ 4．さけは盛りつけるときの表側，裏側どちらを先に焼きますか。また火加減はどうしますか。

解答

1．加熱時にハンバーグが割れるのを防ぐため。

2．①中央部
　　②平ら

3．すぐ焼く

4．表側・中火

 28　調理の技能と食品の知識

図でおさえよう

◆計量スプーンの使い方

小さじ 5 mL

大さじ 15mL

●液体
縁からこぼれない
ぎりぎりまで入れる。

1杯

●粉類
すり切りべら
ですり切る。

1杯

◆包丁の種類
洋包丁
菜切り包丁
出刃包丁

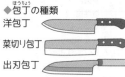

◆包丁の使い方
切っ先　峰　腹
刃先　刃元　あご　柄
一般的な持ち方。

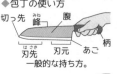

◆計量カップ
カップ（200mL）

◆指先での計量

少々（小さじ $\frac{1}{8}$）
親指と人差し指で
軽くつまんだ量

ひとつまみ（小さじ $\frac{1}{4}$）
親指，人差し指，中指
で軽くつまんだ量

刃先や切っ先で切るとき。

◆火加減
強火
鍋底全体に当たる

中火
鍋底に火の先が当たる

弱火
鍋底まで半分

かたい物を切ったり
刃元を使ったりするとき。

---

1 調理の技能
☆☆☆

注意　**上皿自動ばかりの使い方**

・**アナログタイプ**
①水平な場所に置く。
②**調節ねじ**で針を0に合わせる。
③正面から目盛りを読む。

・**デジタルタイプ**
空の容器をのせて，**リセットボタン**を押し，0にする。

注意　**火を扱うとき**
・火の近くに燃えやすい物を置かない。
・必ず換気を行う。
・ふきこぼれ，立ち消えに注意する。

1 食品の重量の目安

（単位 g）

	小さじ	大さじ	カップ
水，酢，酒	5	15	200
しょうゆ，みりん，みそ	6	18	230
食　塩	6	18	240
砂糖（上白糖）	3	9	130
小麦粉（薄力粉）	3	9	110

2 食品の廃棄率…食べられない部分の割合

$$準備する重量(g) = \frac{可食部の重量}{(100 - 廃棄率)} \times 100$$

3 調味料を入れる順番…他の味をしみ込みやすくする。
さ（砂糖）→し（塩）→す（酢）→せ（しょうゆ）→そ（みそ）の順に。
└→臭みを取るのが目的のときは先に入れる。

4 盛りつけ…おいしそうに見える工夫

・**あえ物**…ざっくりと中高に整える。
・**汁物**…わんの7〜8分目くらいまで入れる。
・**焼き魚**…頭を左に，腹を手前に盛りつける。
└→煮魚は盛りつけてから，煮汁を上からかける。

得点アップUP
① 食品の重量の目安と指先，手を使った計量を覚えよう。
② 火加減の具合を知ろう。
③ フード・マイレージ，食料自給率の意味を理解しよう。

② 食品の知識 ☆☆☆

注意 地産地消
ある地域で生産されたものをその地域で消費すること。

発展 食料自給率
国内で消費される食料のうち，**国内産の食料が占める割合**。
食料自給率が高いものでは①**米** 100％，②鶏卵 95％，③野菜 79％。
低いものでは①豆類 9％，②**小麦** 12％，③砂糖類 29％になる。
（2013年度）

発展 フード・マイレージ
食料の輸送が環境に与える負荷の大きさを表す指標。
輸入量 t ×輸送距離 km

1 地産地消のメリット →地域生産・地域消費の略。
・食材の鮮度が保たれる。
・消費者が生産過程を確かめられる。
・地域の伝統的な食文化を継承。

2 食料自給率 →農林水産省の目標…2025年度までに食料自給率を45％に。
1965年では73％の食料自給率が 2017年では38％に。
①**原　因**…食生活の洋風化で，自給率の高い米の消費量が減少。
②**対　策**…旬の食材を選ぶ。
地産地消の食材を活かす。
米食中心のバランスよい食事。

3 フード・マイレージを下げるために →多くの二酸化炭素を排出するのが大きな問題。
・食料自給率を上げる。
・地産地消の実践。

◆食糧自給率

（％）
カナダ	アメリカ	フランス	イギリス	日本
264	130	127	63	39

日本は2017年度，ほかは2013年度の値。
（農林水産省）

◆フード・マイレージ

日本
韓国
アメリカ
イギリス
ドイツ
フランス

0 2 4 6 8 10
（千億t・km）
（農林水産省）
（注）日本は2010年，ほかは2001年のデータ。

コレ重要
☞ 日本の食料自給率の低さ→フード・マイレージの値が高い。

4 食品ロス…食べられるのに捨てられてしまう食品のこと。
→調理くず，食べ残し，期限切れの食品など。
①日本の食品ロス…年間612万トン（2017年推計）
→世界の食料援助量（約390万トン）の1.6倍。
②**対　策**…計画的な食品購入，献立・調理方法の工夫。

テストに出る 要点チェック✓

□ 1. たまねぎの廃棄率は6％である。可食部分を94gとするとたまねぎは何g準備すればよいですか。

□ 2. 右の図で塩をひとつまみしたほうはどちらですか。　a　　　b

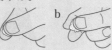

□ 3. 日本の食料自給率が低下しているのはなぜですか。

□ 4. 食品ロスを減らすための対策を1つ答えましょう。

解答
1. 100g
2. b
3. 米の消費量が減少しているから。
4. 計画的に食品を購入するなど。

29 衣生活

図でおさえよう

◆世界の民族衣装

サリー（インド）　ポンチョ（ペルー）　チマ・チョゴリ（韓国）　キルト（イギリス）

◆さまざまな和服

振り袖　　紋付・袴

剣道着　　柔道着

◆既製服の表示

① サイズ表示
② 組成表示
③ 取り扱い表示
④ 原産国表示

（体型区分表示の場合）　（範囲表示の場合）

サイズ		
身長	160	
胸囲	80	
160A		

——①

サイズ	
胸囲	76〜84
160	

——①

ポリエステル　65%
綿　　　　　　35%

——②

③——〔洗濯表示〕　——（F）

④——日本製

はっ水
（水をはじきやすい）
○○会社
□□市△△町××3丁目

1 衣服のはたらき ☆☆

注意　調理実習の服装と消防士の服装
調理実習の服装は**保健衛生上のはたらき**であるが，消防士の服装は**保健衛生上のはたらき**と同時に**生活活動上のはたらき**ももっている。

1 保健衛生上のはたらき
・暑さ，寒さから体を保護する。
・体を清潔に保つ。→肌着などが含まれる。
・けがや汚れから体を保護する。→運動着などが含まれる。

2 生活活動上のはたらき
・運動や作業をしやすくする。→運動着，水着などが含まれる。

3 社会生活上のはたらき →コミュニケーションの手段としてのはたらきである。
・社会生活を円滑に過ごすため。

職業や所属集団を表す。	個性を表現する。	社会的慣習に合わせる。

場面にあった服装ができているかな。

得点アップUP
① 衣服のいろいろなはたらきを理解しよう。
② 既製服の取り扱い表示をおさえよう。
③ 採寸の仕方を理解しよう。

2 目的に応じた服装☆☆

参考 立体構成と平面構成
洋服は平面の布を**立体的**に形作る立体構成。和服は直線の布を**平面的**に形作る平面構成。

① **TPO**（ティー・ピー・オー）→ T = time, P = place, O = occasion
・衣服の社会的はたらき，服装が与える印象についての理解を深め，社会的な決まりや慣習を優先させる。
・TPO に応じた自分らしい着方を工夫する。
→西洋の衣服＝洋服に対して，日本の衣服＝和服という意味。

② **和　服**…**日本の民族服**。
・代表的な和服→**浴衣**，羽織はかま，振り袖など。
夏祭り，花火大会など。　男性の正装　未婚女性の晴れ着。

3 既製服の取り扱い表示☆☆☆

発展 取り扱い表示
洗濯などの方法を示す。

参考 サイズ表示
既製服のサイズは，JISで定められている。5区分あり，中学生は，**少年**用，**少女**用に該当する。

発展 組成表示
布に用いられている繊維の種類と**混用率**を示す。

参考 既製服購入の注意点
・目的，品質，価格
・サイズ，手入れ方法

① 取り扱い表示の記号と意味

記号	意味	記号	意味
40	40℃までの液温で通常の洗濯ができる。		110℃までのスチームなしでアイロンを使用できる。
40	40℃までの液温で弱い洗濯ができる。	P	石油系溶剤でのドライクリーニングができる。
	家庭での洗濯はできない。		つり干しがよい。
△	塩素系および酸素系漂白剤を使用できる。		日かげでの平干しがよい。

② **採　寸**…寸法を測ること。
・左右ある場合→右側を測る。
・薄着で，ほかの人に測ってもらう。

③ **採寸の仕方**→既製服購入時の目安となる。

バスト（女子）	胸の最も高いところを水平に
チェスト（男子）	胸の最も太いところを水平に
ウエスト	女子は胴の最も細いところ
	男子は腰骨上端の真上回り
ヒップ	腰の最も太いところを水平に

テストに出る 要点チェック ✓

□ 1. 右の図の民族衣装はどこの国のもので何というものですか。

□ 2. 学生服など所属集団や職業を表したりするはたらきを何といいますか。

□ 3. 体の各部の寸法を測ることを何といいますか。

□ 4. 既製服に付いている右の取り扱い表示の意味は何ですか。

解答
1. インド・サリー術
2. 社会生活上のはたらき
3. 採寸
4. 日かげでの平干しがよい。

30　衣 服 の 管 理

図でおさえよう
◆シャツのアイロンがけの手順とかけ方

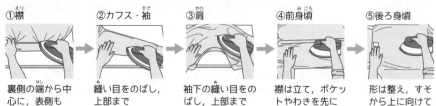

①襟｜②カフス・袖｜③肩｜④前身頃｜⑤後ろ身頃

裏側の端から中心に，表側も｜縫い目をのばし，上部まで｜袖下の縫い目をのばし，上部まで｜襟は立て，ポケットやわきを先に｜形は整え，すそから上に向けて

◆繊維の種類と特徴

繊維の種類			適する洗剤	主な特徴
天然繊維	植物繊維	綿	弱アルカリ性	丈夫。洗濯に強い。水をよく吸う。
		麻	弱アルカリ性	丈夫。洗濯に強い。水をよく吸う。
	動物繊維	毛	中　性	水中でもむと縮む。保温性あり。
		絹	中　性	光沢がある。虫害を受けやすい。
化学繊維	合成繊維	ポリエステル	弱アルカリ性	丈夫で軽い。しわになりにくい。乾きが早い。毛玉ができやすい。
		ナイロン	弱アルカリ性	→こしがなくやわらかい。虫害を受けない。
		アクリル	弱アルカリ性	→毛ににていて暖かい。

1 衣服の手入れ
☆☆☆

注意　洗剤の濃度と汚れ落ちの割合
洗剤の適量は洗濯物の量や汚れ具合によって決まる。目安以上を使っても汚れ落ちは変わらない。

1 洗濯機での洗濯

①下準備
・ポケットの中を点検し，中身を取り出す。
・組成表示や取り扱い表示を確認する。
・仕分けをする。→汚れのひどいものは部分洗い，型くずれしやすいものはネットに入れる。
・洗剤を選ぶ。

種　類	液　性	特　徴
石けん	弱アルカリ性	原料は天然油脂。冷水に溶けにくいものもある。汚れが落ちやすい。
合成洗剤		石油や天然油脂が原料の，せっけん以外の洗剤。水に溶けやすい。

得点UP
① アイロンの手順とかけ方をおさえよう。
② 洗剤の特徴と繊維に合った洗剤を覚えよう。
③ 衣服という資源の有効利用を理解しよう。

参考 アイロンのはたらき
　アイロンはしわをのばす以外にズボンなどの**折り目を付ける**はたらきをする。

発展 繊維に合ったアイロンかけのこつ
・綿のシャツは，きりふきでしめらせてからかける。
・セーターは，アイロンを浮かせて**スチーム**をあてながら形を整える。

②洗　濯
・洗濯物の量や洗剤の量を確認する。→洗濯物はつめこみすぎない。

③乾　燥
・脱水後すぐに洗濯機から取り出す。
　→雑菌が繁殖し，においの原因になるので，すぐに乾かす。
・衣服に合った干し方で干す。
　→乾燥機を利用するのもよい。

② アイロンかけ
①温度目盛を調節する。
②アイロンは布目方向に動かす。
③面積の小さい部分から広い部分にかける。
　→細かい部分はアイロンの先端を使う。
④アイロンを持っていない手で，布を押さえたり，縫い目を引っ張ったりする。

記号とかける温度 （JIS L 0001）		温度 目盛り
	110℃以下	低
	150℃以下	中
	200℃以下	高
		アイロンかけ はできない。

・コレ重要・
☞ シャツのアイロンかけの手順とアイロンの適性温度。

2 衣服の処分と3R☆☆

参考 環境に配慮した着方
　エネルギーの使用を抑えるために冷暖房に頼らず保温性や通気性の高い衣服を着るようにする。**クールビズ**や**ウォームビズ**は地球温暖化防止を目的としたもの。

① 3Rを意識した行動…衣服は大量の資源やエネルギーを使って生産されているので，衣服を資源と考えることが大切。

② リデュース…発生抑制
・長く着られるものを選ぶ。
　→補修して着ることも大切（リペア）。
・必要以上に買わない。

③ リユース…再使用
・他の人に譲る。
・リフォームする。

④ リサイクル…再利用

リサイクルの例
メーカー　小売店　消費者　回収　再生業者
（繊維→繊維）
→ポリエステル100％の制服は新製品の原料となる。

テストに出る 要点チェック✓

□ 1. 麻や綿に適した洗剤の種類は何ですか。

□ 2. カッターシャツの襟にアイロンをかけるときは（①　　）から（②　　）に向かって（③　　）をのばしながらかける。

□ 3. 夏にネクタイや上着を身につけない涼しい服装を何といいますか。

□ 4. 環境や資源に配慮した3Rとは何のことですか。

解答
1. 弱アルカリ性
2. ①端　②中心
　③縫い目
3. クールビズ
4. リデュース・リユース・リサイクル

31 住生活

図でおさえよう

◆住まいの空間

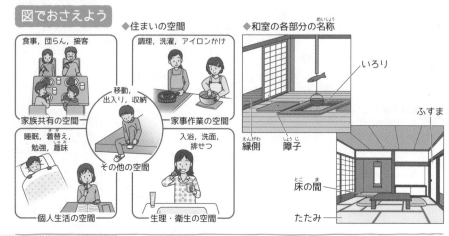

- 食事, 団らん, 接客
- 家族共有の空間
- 睡眠, 着替え, 勉強, 趣味
- 個人生活の空間
- 移動, 出入り, 収納
- その他の空間
- 調理, 洗濯, アイロンかけ
- 家事作業の空間
- 入浴, 洗面, 排せつ
- 生理・衛生の空間

◆和室の各部分の名称

- いろり
- ふすま
- 縁側（えんがわ）
- 障子（しょうじ）
- 床の間（とこのま）
- たたみ

---

1 生活行為による住まいの空間 ☆☆☆

注意 家庭内のルール
- 家族とのコミュニケーションの取り方に注意。
- プライバシーへの配慮（はいりょ）。

1 共同生活の空間 →食事や団らんをするテーブルでアイロンかけや勉強をするなど空間の使い方もいろいろに組み合わされている。
- 家族共有の空間…食事室, 居間, 応接室など。
- 家事作業の空間…台所, 家事室など。
- 生理・衛生の空間…洗面所, 浴室, 脱衣室（だつい）, トイレなど。

2 個人生活の空間 →個室とは限らない。
- 個人生活の空間…寝室（しんしつ）, 子ども部屋, 書斎（しょさい）など。

・コレ重要・
☞ 生活行為によって分けられる住まいの空間。

---

2 さまざまな暮らし方と住まい ☆☆

①家族の人数や, それぞれの年齢（ねんれい）, 暮らし方, 価値観などによって必要な住空間の広さや部屋数は異なる。
②戸建住宅（こだて）と集合住宅では空間の使い方に違いがある。
③食事をする場所と寝る場所を分けることを食寝分離（しょくしんぶんり）といい, プライバシーを考慮（こうりょ）して別々の部屋で寝ることを就寝分離（しゅうしん）という。

---

3 和式と洋式の住まい方 ☆☆☆

1 和式の住まい方の特徴（とくちょう）…季節や地域の気候風土に合わせる。
①玄関（げんかん）で履物（はきもの）を脱いで（ぬ）家の中に入る。
②畳や床（たたみ・ゆか）に直接座る（すわ）。
→畳は保温性と吸湿性がある。

得点アップUP
① 生活行為によって分類される住まいの空間を覚えよう。
② 和室の住まい方と洋室の住まい方の特徴をおさえよう。
③ 気候風土や生活文化に合わせた住まいを理解しよう。

発展 **和式の住まい方の欠点**
・正座やあぐらを長時間続けると足腰に負担がかかる。
・畳干しや障子のはりかえなど維持管理が必要。

発展 **洋式の住まい方の欠点**
・部屋の使用目的に合わせて家具が必要。
・部屋の転用がきかない。

③部屋は障子やふすまなどの引き戸で仕切られ，取りはずしができる。→取りはずして，隣の部屋とつなぎ，大きな空間をつくることができる。

④開放的なつくりで，通気性がよい。

⑤軒やひさしで日光や雨をさえぎる。

2 洋式の住まい方の特徴

①靴をはいたまま家の中に入る。

②部屋は開き戸と壁で仕切られている。

③気密性が高く，遮音性が高い。

④立ったり座ったりが楽である。

3 和洋折衷の住まい方

・畳の部屋にベッドやソファーを置く。

・フローリングの上にこたつを置く。

洋式

和洋折衷

4 日本の各地の住まい☆☆

発展 **世界各地の住まい**
・ゲル…モンゴル遊牧民の住まい。
・トンコナン…インドネシアの高床式の住まい。舟形の屋根が特徴。
・ダモース…チュニジアのベルベル人の洞窟の住まい。

1 気候風土に合わせた住まい

岐阜県白川村 合掌造りの住まい

屋根を急勾配にして雪を滑り落ちやすくしている。

沖縄県那覇市 赤い瓦屋根の住まい

平屋建てで，石塀などで風の害を防いでいる。

2 生活文化に合わせた住まい

岩手県遠野市 南部曲屋

居住部分と馬屋部分が一体となっている。

京都府伊根町 舟屋

一階部分には直接船をいれることができるスペースがある。

テストに出る 要点チェック✓

□ 1. 食事，団らん，接客などの行為がされる住まいの空間を何といいますか。

□ 2. 住まいの中で，食事をする場所と寝る場所を分けることを何といいますか。

□ 3. 和式の住まいは何で空間を仕切りますか。

□ 4. 岐阜県白川村の（①　）造りの住まいは，雪が滑り落ちるように（②　）をつけた屋根が特徴である。

解答
1. 家族生活の空間
2. 食寝分離
3. 障子，ふすま
4. ①合掌
　　②急勾配

32 安全な住まい

図でおさえよう

◆住まいの中の地震対策

ガラス飛散防止フィルムを貼る。

家の柱などの丈夫な位置に固定。

扉開き防止器具を取り付ける。

重ねた家具をつないで壁に固定。

移動　　移動

逃げ道を塞がないように室内に物を多く置かない。

家具や家電製品を固定する。

◆室内空気の汚染源

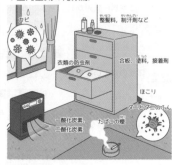

カビ

整髪料，制汗剤など

衣類の防虫剤

合板，塗料，接着剤

ほこり

ダニとダニのふん

一酸化炭素
二酸化炭素

たばこの煙

---

1 安全な住まい方の工夫☆☆☆

注意 高齢者の身体的変化の特徴

①視力の低下。
②すり足歩行。
③平衡感覚の低下。

注意 幼児の体と動きの特徴

①活動が活発。
②何でも興味を示し，さわったり，口に入れたりする。

1 家庭内事故と原因…死亡に至らない事故は頻繁に発生。

①乳幼児…異物を飲み込んで窒息。
②高齢者・乳幼児…浴槽などでの溺死。

■転倒・転落 □溺死 ■窒息 □その他

年齢	転倒・転落	溺死	窒息	その他
0～4歳(101人)	14.9	69.3	9.9	
10～14歳(21人)	5.9 / 23.8	38.1	14.3	23.8
30～44歳(317人)	18.6	12.9 / 20.8	47.6	
65歳以上(12,683人)	18.4	43.4	25.8	12.4

0　20　40　60　80　100(%)

（厚生労働省「人口動態統計2017」より）
→65歳以上の死亡者数が圧倒的に多い。

2 家庭内事故の防止

①住まいの中を片付ける。
②冷蔵庫や引き出しが簡単に開かないようにする。
③浴室には，手すりをつけたり，床の段差をなくす。滑りにくい床材を使用する。（＝バリアフリー）
④ユニバーサルデザイン…高齢者や体の不自由な人だけではなく，誰にとっても安全で快適に利用しやすいように考えられたデザイン。→車いすで使用できる広さがあり，手すりがついたトイレなど。

---

2 住まいの火災対策☆☆

発展 消防法

火災の早期発見のために，寝室と階段への住宅用火災警報器の設置が義務づけられている。

1 調理中の火災対策

・火をつけたままこんろから離れない。
・周囲に燃えやすいものを置かない。

2 ストーブでの火災対策

・ストーブの周辺で洗濯物を干さない。
・外出時や就寝時は消す。

---

① バリアフリー，ユニバーサルデザインの意味をおさえよう。
② 住まいの中の地震対策は確実に理解しよう。
③ 室内換気の重要性を理解しよう。

③ 住まいの地震対策 ☆☆☆

① 危険のない家具配置
・寝ている場所に家具が倒れてこないようにする。

② 安全な避難経路の確保や避難場所の確認
・家族との連絡のとり方も確認しておく。

③ 防災用品や水，食料を準備する
　　　↳長く保存できるものを常備しておく。
・すぐに持ち出せる場所に置く。

・コレ重要・
☞ 住まいの中の地震対策は確実におさえておく。

④ 快適な室内環境 ☆☆

① 室内空気の汚れ→二酸化炭素や一酸化炭素，たばこの煙，カビ
　　　　　　　　↳呼吸により発生。　　　　　↳石油ストーブやこんろなどの不完全燃焼で発生。
やダニ，化学物質，ほこりなど。
→**シックハウス症候群**…新築や改装した建物で起こりやすい。
　　↳目の痛みや頭痛，くしゃみ，じんましん，めまい，吐き気などの症状が出る。
高い気密性と，建材の化学物質が原因になる。

② 室内空気の汚れ対策
①**自然換気**…窓を開ける場合は 2 か所。風の通り道をふさがな
い。1 時間に 1 回，5 分開けておく。
②**人工換気**…換気扇を使う。冷暖房使用中も必要。

③ 結露の防止
①結露の影響…カビやダニの発生の原因。木材の腐食。
②結露対策…換気する。家具は外部に面する壁から離す。
　　　　　　　　↳ふとんの下にすのこを敷くのもよい。

④ 防音対策…騒音か心地よい音かは**個人差と時間帯**にもよる。
→音の出し方や防音を工夫する。周囲との**コミュニケーション**
も必要である。

参考　快適な室内温度と湿度
冷房時の快適な室内温度は 25 ～ 28℃，暖房時は 18 ～ 22℃，湿度はどちらも 40 ～ 60%。

発展　結露
空気中の暖かい空気に含まれる水蒸気が，冷たい窓や壁にあたって冷やされ水滴となったもの。

テストに出る 要点チェック ✔

□ 1. 年齢や障害の有無に関係なく，誰もが安全で快適に利用できるように考えられたデザインを何といいますか。

□ 2. 地震で本棚やたんすが倒れてこないようにするにはどうすればいいですか。

□ 3. 新築の家に引っ越すと頭痛がするようになりました。この症状を何といいますか。

□ 4. 結露を防ぐにはどうすればいいですか。

解答
1. ユニバーサルデザイン
2. 壁に固定する。
3. シックハウス症候群
4. 換気する。

33 消費生活

図でおさえよう

◆販売方法の種類

店舗販売	無店舗販売			
専門店，百貨店，スーパーなど。	消費生活協同組合など。	通信販売	訪問販売	自動販売機，移動販売

◆支払い方法の種類

前払い	即時払い	後払い
プリペイドカード 図書カード	現金 デビットカード	クレジットカード 携帯電話の使用料金

◆暮らしの中のマーク

 製品の安全を保証する。

 安心できる農林水産物と加工品を示す。

 高齢者に良質な介護サービスを提供する業者に交付される。

---

1 消費生活と契約☆☆☆

私たちの身近にはどんな契約があるかな。

① 物　資…食料品や衣料品など形がある商品。

サービス…通信や交通，教育など形がない商品。

② 契　約
→服を買う，電車やバスに乗る，ＣＤを借りる，電話で商品を注文するなども契約である。

①売買契約の場合の契約の成立

消費者 ←—— 意思の合致 ——→ 販売者
契約の成立

これをください。

〇〇円になります。

消費者	販売者
義務 代金の支払い 権利 商品の受け取り	義務 商品の引き渡し 権利 代金の受け取り

②成立後…消費者と販売者に契約内容を守る権利と義務が生じ，一方的に契約を取り消すことはできない。
→未成年の契約は取り消すことができる場合がある。

2 販売方法と支払い方法☆☆☆

注意　**通信販売利用の注意点**

・販売者の所在地や連絡先が確認できるか。
・信頼できるか。
・必要のない個人情報を提供されることはないか。
・返品できるか。

① 販売方法の特徴

店舗販売	・商品を直接見て，触って購入できる。 ・他の商品と比較ができる。
無店舗販売	・店舗に行かなくても商品が購入できる。 ・通信販売では実物を見ることはできないが世界各地から取り寄せることが可能。 ・訪問販売では，他の商品と比較しにくい。

① 契約の意味を理解しよう。
② 販売方法の種類や支払い方法の種類をおさえよう。
③ クーリング・オフや消費者を守る法律を理解しよう。

参考 **クレジットカード**
18歳未満の人は，**自分のクレジットカード**を作ることはできない。

② 支払い方法

プリペイドカード →前払いなので使いすぎない。	あらかじめ代金を先払いして，現金の代わりに使うカード。
デビットカード →残高がなければ使えない。	金融機関のキャッシュカードを買い物で利用できるようにしたカード。
クレジットカード →残高がなくても使える。	クレジット会社が代金を立て替え，消費者は後払いするカード。

③ 消費者保護 ☆☆☆

参考 **アポイントメントセールス**
電話などで約束を取りつけ店舗や営業所に呼び出し，商品を購入させる。

注意 **クーリング・オフできる期間**
・訪問販売，キャッチセールスなど…**8日間**
・お金を得ることを目的とした商品の販売…**20日間**

発展 **トラブルを解決する公的機関**
・国民生活センター
→消費者庁管轄
・消費生活センター
→地方公共団体等の機関→消費者の相談に応じたり，苦情処理などを行う。

① 消費者トラブル…契約が正当に行われず，契約するつもりのない契約をしてしまった，などの消費生活のトラブル。
・インターネットオークションや通信販売の詐欺…代金を支払ったのに商品が引き渡されない。
・キャッチセールス…街頭で消費者を呼び止め，店や営業所などにさそい出し，商品を無理やり購入させる。

② クーリング・オフ…訪問販売など特定の取り引きで，一定期間内に書面で通知すれば，一方的に契約を解除できる制度。
→口頭や電話は避ける。記録を残すことが大切。

・コレ重要・
☞ クーリング・オフの意味と手続き，期間。

③ 消費者を守る法律
・消費者契約法…消費者と事業者が結ぶすべての契約に適用。
→契約書の取り決めのうち，消費者に著しく不利な取り決めは無効。
悪質な商法で契約した場合，約束を取り消すことができる。
・製造物責任法（PL法）…製品による欠陥で被害を受けた場合に，製造業者に損害賠償を求めることができる。
→欠陥賠償
・特定商取引に関する法律…クーリング・オフなど事業者が守るべきルールと消費者を守るルールを規定。
→訪問販売などのトラブル防止が目的。

テストに出る 要点チェック ✓

☐ 1. 無店舗販売の中で，テレビやインターネットを通して販売される方法を何といいますか。

☐ 2. 売買契約後，（① ）と販売者に契約内容を守る権利と（② ）が生じる。

☐ 3. 製品による損害を受けた場合に，製造業者に損害賠償を求めることができる法律を何といいますか。

☐ 4. クーリング・オフを通知する場合，何で行いますか。

解答
1. 通信販売
2. ①消費者
②義務
3. 製造物責任法（PL法）
4. 書面

34　消　費　と　環　境

図でおさえよう

◆循環型社会

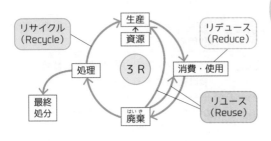

◆持続可能な社会に向けた取り組み

低炭素社会
温室効果ガス
排出量を,
減少させる。

循環型社会
資源を循環
させる。

持続可能な社会

自然共生社会
自然やそこに
すむ多様な生物
と共生する。

---

1 よりよい消費生活☆☆☆

発展 フェアトレード
　発展途上国の作物や製品を適正な価格で継続的に購入し生産者の生活向上を目指す貿易の仕組み。

参考 国際消費者機構（CI）
　消費者団体の国際連絡組織。消費者の権利と責任の意識を高めるなどのために,さまざまな国際的活動を行っている。

参考 消費者基本法
　国の消費者政策の基本事項を定めた法律。消費者を権利の主体と位置づけている。

① **買い物は投票**…商品を買うことは,その商品の生産者を支持すること。選挙でいえば,投票することと同じ。
　→票がたくさん集まった商品はさらに多く生産されるなど,次の商品の流通に影響することを自覚する。

② **持続可能な社会の実現**…SDGs（持続可能な開発目標）の目標の12番目は「つくる責任・つかう責任」である
　→環境,人,社会,地域などに配慮した**倫理的な消費**のことを**エシカル消費**という。**自立した消費者**としてできることを実践することで,**消費者市民社会**の実現を目指す。

③ **グリーンコンシューマー**…商品の購入や使用,使用後の廃棄,ごみの減量など環境のことを考えて商品や店を選ぶ消費者。
　グリーンマークやエコマークなどが目安になる。
　→国際消費者機構の提唱する消費者の **8つの権利**と **5つの責任**が伴う。

A. 消費者の8つの権利

①安全である権利　　　　　　②選ぶ権利

③知らされる権利　　　　　　④意見が反映される権利

⑤健康な環境を享受する権利　⑥補償を受ける権利

⑦生活の基本的ニーズが保障される権利

⑧消費者教育を受ける権利

得点
アップ
UP
① 「買い物は投票」の意味を理解しよう。
② 消費者の8つの権利と5つの責任をおさえよう。
③ 循環型社会の意味と推進のための取り組みを理解しよう。

B. 消費者の5つの責任

①批判的意識をもつ責任　　②自己主張し行動する責任
③社会に与える影響（とくに弱者）を自覚する責任
④環境への配慮を自覚する責任
⑤消費者として団結・連帯する責任

②環境に配慮した消費生活☆☆☆

参考 化石燃料
石油，石炭，天然ガスなどで，限りある貴重な資源である。

発展 環境に関するマーク
・エコマーク

環境に配慮した商品

注意 循環型社会形成推進基本法
日本での循環型社会の構築を推進するために国民や事業者，市町村，政府の役割が規定された法律。

① 省エネルギー…化石燃料の消費で排出される二酸化炭素は温室効果ガスの1つ。地球温暖化の原因でもあるので二酸化炭素の排出を抑える工夫が必要。

①エアコンの設定温度を夏は28℃，冬は20℃を目安にする。
→扇風機を併用したり，衣服で調整するのもよい。
②洗面台やシャワーは不必要に流しっぱなしにしない。
→入浴は間隔を空けない。
③冷蔵庫は，無駄な開閉はせず，設定温度を適切にする。
→食品を詰め込みすぎない。
④照明器具は，電球型蛍光ランプやLED電球に取り替える。
→まめに明かりを消すことも大切。
⑤機器の主電源を消し，待機時消費電力を減らす。

② 循環型社会…限りある資源を循環させながら利用し，同時に環境汚染を少なくしていく社会。
→ごみを少なくする活動もその1つである。

①推進する取り組み
・リデュース（発生抑制）　┐
・リユース（再使用）　　　│
・リサイクル（再利用）　　├3R ┐
・リフューズ（不要な物の拒否）│ ├5R
・リペア（修理）　　　　　　┘

②持続可能な社会を目指す…資源を循環させ，次の世代の人々も豊かな自然の恵みを受けることができる社会を目標とする。

テストに出る 要点チェック✓

□ 1. 買い物は，選挙で1票を（①　　）するのと同じで，（①）結果によって，よい（②　　）はさらに生産される。
□ 2. 倫理的な消費のことを何といいますか。
□ 3. 消費者を権利の主体と位置づけている国の法律を何といいますか。
□ 4. 循環型社会が目指すものはどのような社会ですか。

解答
1. ①投票
　　②商品
2. エシカル消費
3. 消費者基本法
4. 持続可能な社会

1 体の各器官の発育と発達

1 発育急進期と思春期の体☆☆☆

① **発育急進期**…身長や体重などが急激に発育する時期。大人に成長するまでに2度ある。 →1度目は胎児の頃から1歳（幼児期前半）の時期。

①**思春期**…2度目の発育急進期にあたる時期。小学校高学年から高校生の頃。 →第二発育急進期ともいう。一般的に，男子よりも女子のほうが早く始まる。

骨，筋肉，心臓，肺，小腸，大腸，肝臓などの器官が急速に発育・発達。

→身長や体重も急速に発育する。

◆年齢と身長や体重の関係

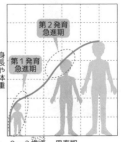

0〜2歳頃　　思春期

注意 発育と発達の違い
発育は器官の大きさ・重さが増加することで，発達は器官のはたらきが高まることである。

②**体の発育・発達の仕方**…体は同じくらいの年齢でも同じように発育・発達しない。その時期や程度はさまざまで，**個人差**がある。

③**体の各器官の発育の時期と特徴**…脳，脊髄などは他の器官より早く発育。生殖器の発育・発達は非常にゆっくりだが，思春期に急速に進む。

◆各器官の発育の仕方

参考 リンパ型の器官
病原体から体を守るはたらきをする。中学生の思春期には成長幅は大人以上になるが，以降は小さくなる。

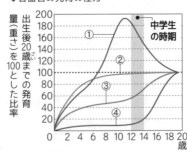

出生後20歳までの発育量（重さ）を100とした比率

中学生の時期

①リンパ型：
胸腺，へんとうなど
②神経型：
脳，脊髄(肺，心臓)など
③一般型：
骨，筋肉など
④生殖腺型：
精巣，卵巣など

（「Scammon」による）

発展 骨は思春期に形成される
骨の基礎は，中学生の時期にあたる思春期につくられる。この時期に**カルシウム**や**たんぱく質**などを多く含むものを食べ，運動を積極的に行うことは，骨の発育・発達に効果的である。

2 中学生の時期の過ごし方

①中学生の時期は最後の発育急進期。

②**思春期の毎日の調和のとれた生活**…身体の各器官の発育・発達をさらに高める。**運動・食事・休養・睡眠**。 →喫煙，飲酒，薬物乱用や病気・事故などにつながる危険な生活行動は，思春期の体の成長を妨げる。

───**コレ重要**───
☞ 身体の各器官の発育・発達の時期や進み方には個人差がある。

保健体育

保健分野

② 呼吸器・循環器の発達☆☆

注意 呼吸数と肺活量
年齢とともに，呼吸数は減り，肺活量は増える。

発展 拍出量
心臓が発育・発達すると，送り出される血液の1回の拍出量が増えるため脈拍数は減少する。
運動習慣のある人は呼吸・循環器が強くなっているため，運動不足の人よりも，運動時の脈拍数は少なくなる。

運動と呼吸器・循環器の機能の関係について調べてみよう。

❶ **呼吸器**…呼吸器は，鼻（口・消化器），のど，気管，気管支，肺などからなる。

①**ガス交換**…体内に酸素を取り入れ，体の中でできた二酸化炭素を体外へ出すこと。

②呼吸器の発育，発達→呼吸数は減少，肺活量が増加。

❷ **循環器**…心臓，血管（毛細血管），リンパ管からなる。

①肺から取り入れた酸素や小腸から吸収した養分を全身に運ぶ。
→全身の細胞から出た二酸化炭素を肺に運ぶ。

②循環器の発育・発達→脈拍（心拍）数は減少，拍出量が増加。
└肺胞が大きくなったため。また，肺胞の数が増えて1回の呼吸で吸える空気の量が多くなるため。

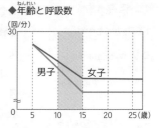
◆年齢と呼吸数
（回/分）

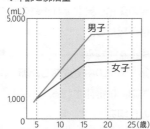
◆年齢と肺活量
（mL）

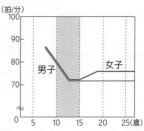
◆年齢と脈拍数
（拍/分）

❸ **呼吸器・循環器の機能の発達**…心臓が大きくなったり，その収縮する力が強くなったりするため。

・**思春期に急速に発達。**→適度な運動の積み重ねで，呼吸器・循環器が強くなる。→その機能も発達。
└発育・発達する時期や程度には個人差がある。

テストに出る 要点チェック

☐ 1．右の器官を示す図のアの名称を答えましょう。

☐ 2．右の器官を示す図のイの名称を答えましょう。

☐ 3．思春期に急速に発達し，男女の特徴が現れる器官の名称を答えましょう。

☐ 4．年齢とともに，呼吸数はどう変化しますか。

☐ 5．年齢とともに，肺活量はどう変化しますか。

解答
1．肺
2．胃
3．生殖器
4．減る
5．増える

2 生殖器の発達

1 思春期の体の変化☆☆☆

発展 性腺刺激ホルモン
脳の視床下部から出たホルモンが，**下垂体を刺激**して分泌される。

参考 ホルモンのはたらき
ホルモンを分泌する内分泌腺にはいろいろな種類があり，それぞれ異なる。血液で体全体に運ばれる。

注意 ホルモンの分泌
わずかであるが，男子で女性ホルモン，女子で男性ホルモンはつくられている。

注意 月経
初経の時期には個人差がある。月経がおこると，新しい生命を誕生させることができるようになる。

1 体の変化とホルモンの分泌
→体の働きが安定するように調節する物質。

①**思春期**…**下垂体**から**性腺刺激ホルモン**が分泌。
→生殖器の機能が高まる。

②**女　子**…**卵巣**が発達し，その中で**卵子**が成熟。→**女性ホルモン**が分泌される。

③**男　子**…**精巣**が発達し，その中で**精子**がつくられる。→**男性ホルモン**が分泌される。

◆体の変化とホルモン

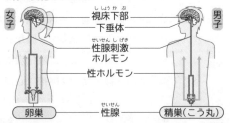

女子　男子

視床下部
下垂体
性腺刺激ホルモン
性ホルモン
卵巣　性腺　精巣（こう丸）

④**体つきの変化**…男女それぞれの体つきが特徴的に変化。**月経**や**射精**が起こる。

2 排卵と月経の仕組み

①**排　卵**…卵巣の中で成熟した**卵子**が周期的に排卵される。

②**月経の仕組み**

・排卵に合わせ，**子宮内膜**がぶ厚くなる。

・排卵後に，受精が行われないと，子宮内膜がはがれて体外に出される（**月経**）。初めての月経を**初経**という。

◆女子の性殖器

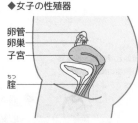

卵管
卵巣
子宮
腟

◆排卵と月経のサイクル　→ 28日周期の場合。

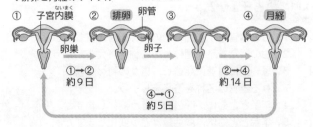

① 子宮内膜　② 排卵 卵管　③　④ 月経

卵巣　卵子

①→②
約9日

②→④
約14日

④→①
約5日

② 受精と妊娠の仕組み☆☆☆

注意 射精と月経

射精は月経とは異なり，周期的に起こるものではない。

発展 妊娠の成立

受精卵ができても，子宮内膜に着床しない場合は妊娠にたどりつけない。

参考 へその緒の血液

へその緒で母親とつながる胎児は，受精後4週間ほど経過すると，自分の骨にある骨髄で自分の血液を作る。そのため，へその緒の血液は母親のものではなく，胎児の血液である。

受精と妊娠についてしっかり学習しましょう。

---

① 射精の仕組み…性的な興奮や刺激で射精が起こる。

①精　液…精のうや前立腺からの粘液と精子が混ざったもの。

②精　通…初めての射精のこと。
→起こる時期には個人差がある。

③夢　精…睡眠中などの無意識な状態で起こる射精。
→1 mLの精液には約1億個の精子がある。1回の射精時には約2〜4 mLの精液が排出される。

◆男子の性殖器

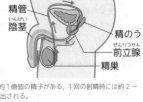

精管
陰茎
精のう
前立腺
精巣

② 月経と射精…生命を作り出すことができるようになるしるし。

自分の体を大切にすること，性に関する**適切な知識や行動**を意識することが大切。

・**コレ重要**・
☞ 精子が卵子の中に入っていくと受精が起こり，着床すると妊娠となる。

③ 受精と妊娠

・卵子が受精卵になるまで

①卵子が卵管に入る。

②子宮まで運搬される。

③卵管で精子と合体する。

④受精卵になる。

・妊　娠

⑤受精卵が子宮に入る。

⑥子宮内膜に着床する。

→妊娠の成立。
→受精卵が子宮内膜にとどまり，落ち着くことをいう。着床すると，妊娠が始まる。

・受精卵の成長

⑦子宮の中で胎児に育つ。→母体の養分を子宮で吸収しながら成長していく。

◆排卵から着床まで

精子
卵管
受精
子宮
着床
卵巣
排卵
卵胞
卵子
子宮内膜

テストに出る 要点チェック ☑

☐ 1．思春期に，下垂体から分泌されるホルモンは何ですか。

☐ 2．精液が尿道を通り体外へ出されることを何といいますか。

☐ 3．受精卵が子宮内膜に入って落ち着くことを何といいますか。

解答

1．性腺刺激ホルモン

2．射精

3．着床

3 心の発達と発育

➊ 心の発達と社会性☆☆

注意 大脳の発達

　大脳は、いろいろな人と関わったり、スポーツをしたり、本を読むなどの**刺激**によって発達する。

発展 知的機能の発達

　「新しいことに対処する能力」は、年齢とともに発達し、**青年期以降に低下**する。「知識や経験を基に対処する能力」は、**高齢まで維持**される。

参考 感情

　成長してさまざまな**経験**を重ね、知的機能の高まりに合わせて、豊かなものになっていく。

発展 反抗期

　大人に口答えしたり、アドバイスを無視したりするのは、自立する心が育っていることを表す。

---

① **心の発達**…心は、**知的機能**、**情意機能**、**社会性**などのはたらきからなる。**大脳**のはたらきの一部分。

①**知的機能**…言葉を使う、理解する、判断する、推理するなどの心のはたらき。

　→**経験や学習**を重ね、**理論的に考える、自分で判断して決める**などの知的機能が発達。

②**情意機能**…感情と意志を合わせた心のはたらき。

③**社会性**…**自主性、協調性、責任感**など。**社会**で生活していくために求められる態度や行動の仕方。

② **社会性の発達**…**年齢**とともに、生活や行動範囲が広がる。

　→さまざまな**経験**により発達。

①**自　立**…これまで無意識に大人に**依存**していた状態から、**自分で決めて行動**しようとすること。

②**自己形成**…自分の**考え方**や**好き嫌い、行動の仕方**などが明確になり、それを認識する**自己認識**を通じて、自分の行動や考え方が形成されていくこと。

◆大脳のはたらき

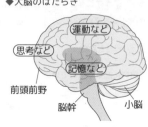

運動など　思考など　記憶など　前頭前野　脳幹　小脳

◆知的機能の発達

高　能力　低

乳児期　児童期　青年期　成人期　老年期

経験を基にして対応する能力

未知のものに対応する能力

◆感情の発達

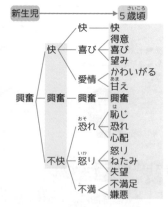

新生児　→　5歳頃

快　快
得意
喜び
望み
愛情　かわいがる
甘え
興奮　興奮
恐れ　恥じ
恐れ
心配
不快　怒り　怒り
ねたみ
失望
不満　不満足
嫌悪

> **コレ重要**
> ☞ 心は、知的機能、情意機能、社会性などの大脳のはたらきの一部分。

② 心身相関とストレスへの対処☆

参考 心の問題

心配や不安など、心の問題によって、下痢やじんましんなどの**身体面の反応**が出たり、爪かみや暴力など行動面の反応が現れたりすることもある。

発展 欲求への対処

自分の欲求を自覚し、考えて分析し、実現に向け**行動する**ことで、心は安定する。他人に迷惑をかけたり、危険な行動をとったりするのは、不適切な対処である。

参考 ストレス

適度なストレスを経験することは大切である。しかし、過剰なストレスに対しては、問題解決のために周囲の助けを受けるなどの方法も考える。

① **心身相関**…心と体が影響し合うこと。→脳は体のはたらきを調節する役割をもつ。
→自律神経やホルモンのはたらきによる。

①心の状態が体に現れる例。
→緊張による多汗、心拍数の増加など。

②体の状態が心に現れる例。
→体の異常による痛み、気分の悪さなど。

◆心と体の関係性

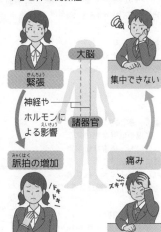

大脳

緊張

集中できない

神経やホルモンによる影響

諸器官

脈拍の増加

痛み

② **欲求と欲求不満**

①**欲求**…したい、欲しいなどと感じる心のはたらき。

②**欲求不満**…欲求を実現できず、不安や怒りなどの**不快な感情**をもった状態。

・**社会的欲求**…自身に関する欲求、関係に関する欲求

・**生理的欲求**…睡眠、飲食、生殖、安全

③ **ストレス**…心身に負担のかかった状態。

◆さまざまな欲求

社会的な欲求

自身に関する欲求

目指す自分になりたい

自分の能力を発揮したい

関係に関する欲求

集団に入りたい

愛し、愛されたい

生理的な欲求

飲食、休息・睡眠、活動、生殖、安全

テストに出る **要点チェック**

□ 1. 感情や意志などからなる心のはたらきを何といいますか。
□ 2. 言葉を使うなどの心のはたらきを何といいますか。
□ 3. 社会的欲求の例を1つ答えましょう。
□ 4. 自分なりの考えや行動がつくられることを何といいますか。
□ 5. ストレスへの対処の仕方として、不適切な方法の例を答えましょう。

解答
1. 情意機能
2. 知的機能
3. 能力を発揮したいなど
4. 自己形成
5. ゲームに依存するなど

環境への適応

1 ▷ 環境の変化と適応能力 ☆☆

参考 温 度
体は一番よくはたらける温度の体温を保とうとする。

参考 適応能力
高温や低温などの気温以外にも，**有害な化学物質**には適応できない。それらのある環境では健康を損なわれる危険がある。

注意 至適温度
季節や**活動**の種類によって異なる。
温度以外に，**湿度・気流**にも快適で能率のよい範囲（**至適範囲**）がある。

発展 高山病
高い山に登ると，血液のなかに取り込める**酸素**の量が不足して**高山病**にかかることがある。
この環境（標高が高い所：高地）に適応できるようになると，赤血球数が増え，**酸素の運搬能力**が高まる。これを利用したのが**高地トレーニング**である。

1 体の適応能力
- **適 応**…体の諸器官をはたらかせて**環境の変化**に対応すること。そのはたらきを**適応能力**という。

> 暑いときには，汗をかき，寒いときには震えて熱をつくり，体温を保とうとする。

① 周りの**環境**からの影響で高まる。
② 適応能力の限界…**熱中症**など。
- **症 状**…めまい，頭痛，高い熱
- **対 処**…涼しい場所に移動し，**水分**や**塩分**を補給する。
  ＊意識障害→意識がない場合は，すぐに救急車を呼ぶ。

2 暑さ，寒さとその調節
…暑さ，寒さの感じ方には，**気温**，**湿度**，**気流**が関係。
① **至適温度**…暑くも寒くもなく，活動するのに最も適した**温度**の範囲。
② **暑さ・寒さの調節**…衣服の着脱，窓の開閉。→**過剰な冷暖房**の使用は，体の**適応能力**が弱まることがある。

◆気温などの環境の望ましい範囲（教室）

気 温	17 〜 28℃
湿 度	30 〜 80%
気 流	0.5m/ 秒以下

（「学校環境衛生基準」による）

3 明るさとその調節
…学習や作業を行うときには，その種類に応じた明るさが必要。
① **適切な明るさ**
- **明るすぎる**…目が疲れたり，目を傷めたりする。
- **暗すぎる**…目が疲れて能率が下がったり，**視力**が落ちたりする原因になる。
② **自然光の明るさ**…窓の位置や大きさ，天候などにより異なる。**カーテン**や**照明**で調節する。

◆学校・家庭での明るさの基準

場所・作業 明るさ（ルクス）	学校	家庭
750		勉強
500	実験実習室 図書室 保健室	居間（読書）
300	教室,体育館 職員室	食卓 調理台
200	トイレ	テレビゲーム
150	階段	
100	廊下	

（「学校環境衛生基準」による）

―コレ重要―
☞ 暑さ，寒さの感じ方には，気温，湿度，気流が関係している。

① 人間の適応能力を超える環境にはどんなものがあるか考えよう。
② 気温，湿度，気流に関し，学習時の快適な環境をまとめよう。
③ 二酸化炭素と一酸化炭素はどんなときに発生するか考えよう。

② 室内の空気の管理☆

参考　二酸化炭素濃度
空気中の二酸化炭素の**濃度は約0.04%**である。0.1%を超えると，**換気**が必要となる。

参考　一酸化炭素濃度
一酸化炭素は毒性が強いために基準が決められている。学校環境衛生基準では0.001%以下となっている。

発展　シックハウス症候群
建材に使用されている塗料溶剤や接着剤に含まれている有害物質により，室内の空気が汚染されて起こる体調不良。

教室内の空気の入れ換えは大切だ！

① 二酸化炭素…呼吸したり，物が燃焼したりすると発生。

①二酸化炭素濃度…空気中の二酸化炭素の濃度が上昇すると，酸素が不足する。呼吸数や脈拍数が増加し，頭痛やめまいなどが起こる。

②二酸化炭素の増加…気温・温度の上昇。ちりやほこり，細菌の増加。室内の空気の汚れを知るための手がかりになる。

② 一酸化炭素…物の不完全燃焼で発生。

①発生源…石油やガスストーブ，ガス給湯器，炭こんろなど
②特徴・毒性
体内で赤血球のヘモグロビンと結合し，酸素欠乏状態がつくられる。ひどい場合には，動けなくなり，死に至ることもある。

無色で無臭。気づかないうちに体内に吸い込む。
→一酸化中毒。頭痛，吐き気，めまいなどが起こる。ときに死亡する。

③ 換気…室内の空気をきれいに保つため，空気を入れ換えること。定期的に換気が必要。

◆二酸化炭素濃度が体へ与える影響

濃度（%）	影　響
1～2	不快感
3～4	呼吸数・脈拍数が増加 頭痛・めまいがする
5～6	呼吸困難になる
7～10	数分で意識がなくなり死亡する

◆一酸化炭素濃度が体へ与える影響

濃度（%）	吸入時間と症状
0.02	2～3時間で軽い前頭痛
0.04	1～2時間で前頭痛・吐き気，2.5～3.5時間で後頭痛
0.08	45分間で頭痛・めまい・けいれん，2時間で失神
0.16	20分間で頭痛・めまい，2時間で死亡
0.32	5～10分間で頭痛・めまい，30分間で死亡
0.64	1～2分間で頭痛・めまい，15～30分間で死亡
1.28	1～3分間で死亡

すいすい暗記　にいさん，こき使うねん～
二酸化炭素 は 呼吸や 燃焼で発生

テストに出る 要点チェック✅

- □ 1. 体が環境に対応しようとする能力を何といいますか。
- □ 2. 寒さを調節するためにはどうすればよいですか。
- □ 3. 活動するのに，最も適した温度の範囲を何といいますか。
- □ 4. 人が大勢いるところで増加するのは，二酸化炭素か一酸化炭素のどちらですか。
- □ 5. 空気をきれいに保つためにはどうすればよいですか。

【解答】
1. 適応能力
2. 暖かい服を着るなど
3. 至適温度
4. 二酸化炭素
5. 換気する。

5 衛生的管理

① 水の役割と
飲料水☆☆

① 水の利用…人間の体の水分は体重の 50 ％以上。

① **体内での水の役割**…栄養物質の運搬，老廃物の排出など。生命を保つために重要。

② **人間の生命維持**… 1 日に 2 ～2.5 L の水分が必要。

③ **生活の中での利用**

・**生活用水**→洗濯，水洗トイレなど。

・**公共用水**→病院，学校，公園など。

・**産業用水**→農業や工業など。

◆ 1日の人体の水の出入り

摂取量約2.5L

飲料1,200mL
食物中の水分1,000mL
体内でできる水分300mL

失われる量約2.5L

呼気，汗900mL
尿，ふん便1,600mL

② 飲料水の確保…私たちが利用している水→上水道の水
　→日本の水の使用量は多く，雨量が少ない年には水不足になる。

① **上水道の水**…浄水場でごみや細菌を除去

　　　　　→塩素消毒→水質検査

・有毒な物質や病原性の微生物が入らないようにしている。

・**水質検査**…水質基準を満たしているかの検査。

② **水不足**…水を節約する節水，排水の再利用，水道施設の耐震化などで対策をする。

③ 生活排水とし尿

① **生活排水**…し尿を含んだ水と生活雑排水を合わせたもの。
　→衛生的に処理後，川や海に放流。
　　台所や風呂から出された排水のこと。

② **し　尿**…水洗化・下水道が完備された地域では下水処理場で処理。
　　　　　　→浄化槽で処理する地域もある。

③ **生活雑排水**

・下水道が完備された地域は，し尿と一緒に処理する。

・完備されていない地域は，合併処理浄化槽で，し尿と一緒に処理する。

参考 家庭での水の使用

家庭で使われる水のうち，約40%が風呂，22%がトイレ，17%が炊事，15%が洗濯に使われている。

発展 体内の水

体内の水分が約10%失われると，脱水症状に陥り，約20%失われると生命を保てなくなる。

注意 し尿の処理

水洗化されているが，下水道が完備していない地域では，浄化槽によって処理する。水洗化されていない地域では，大部分は直接収集後，し尿処理施設で処理される。

参考 下水道の普及率

人口の規模により大きな差がある。全国平均値は70%を超えるが，人口が100万人以上の都市で99%になる。一方，人口が5万人以下の地域では50%を下回る。

① 水の体内での役割をまとめよう。
② 生活排水の種類と処理について整理しよう。
③ 近年の環境問題にはどのようなものがあるか，調べよう。

保健体育

保健分野

② ごみの処理と環境問題☆☆☆

① ごみの処理

①家庭からのごみ…1人1日あたり約1kg。
←減少傾向だが，依然として多い。

②処理方法…焼却，資源化，埋め立て。
←処理方法では，「焼却」が最も多い。

③問　題…焼却施設や埋め立て地の周辺の問題→ごみの処理時に排出される有害な化学物質の影響。

・埋め立ての問題→新たな埋め立て地の確保が困難。

② 循環型社会…私たち個人や自治体・企業の取り組みを合わせ，限りある資源を有効に使う社会。

①ごみ処理施設の整備→有害物質の発生が少ない処理施設。

②ごみの減量とリサイクル→3Rの推進。

• コレ重要 •
☞ 3R→リデュース（Reduce：減量・抑制），リユース（Reuse：再使用），リサイクル（Recycle：再利用）

→Reduce は物を使う量を減らしたり，包装を簡単にしたりすること。Reuse は繰り返し使用すること，Recycle は再生して再び利用すること。

③ 環境汚染

①公　害…1950年代からの高度経済成長期に，工場などから大量の汚染物質が排出されたことで全国各地に発生。

→代表的なもの：水俣病，新潟水俣病，イタイイタイ病，慢性ヒ素中毒，四日市ぜんそくなど。

②地球温暖化…世界の平均気温が上昇することで，海面上昇や砂漠化などを引き起こす。化石燃料の大量消費による大気中の二酸化炭素濃度の上昇が原因と考えられている。

③大気汚染…酸性雨，光化学スモッグ，PM2.5などが起こる。

参考 有害物質
これまで，ごみ焼却の過程で出ていたダイオキシンなどの有害物質は，ごみ焼却施設の大型化・高度化により，近年減少している。

発展 公害の対策
深刻な被害をもたらした公害をきっかけに，公害反対運動や住民運動が各地で起こり，1967年には公害対策基本法が制定された。1993年には，環境基本法も制定。

テストに出る 要点チェック ✓

☐ 1．1日に人間が必要とする水分の量はおよそ何Lですか。

☐ 2．上水道の水のごみや細菌はどこで取り除かれますか。

☐ 3．3Rのうち，リデュースとはどんなことですか。

☐ 4．限りある資源を有効に使う社会を何といいますか。

☐ 5．地球温暖化の主な原因とされる物質を何といいますか。

解答
1．2〜2.5L
2．浄水場
3．包装を減らすなど，ごみの発生を抑えること。
4．循環型社会
5．二酸化炭素

6 傷 害 の 要 因

1 傷害の原因
☆☆

参考　自然災害
地震や台風，ゲリラ豪雨などの自然災害については，国や自治体が行う**防災対策**と，家庭や学校での**日頃からの備え**が大切。

参考　学校別発生率
けがの学校別の発生率は，**中学生が最も高い**。

参考　危険な行動
具体的には，悪ふざけや荒っぽい行動，不注意などを指す。

学校での傷害を
無くしましょう！

発展　交通事故の要因
交通事故は，**人的要因・環境要因・車両要因**が複雑に関係して発生する。

◆死亡の原因（2017年）

全体						
がん 27.9%		心臓病 15.3%	脳卒中 8.2%	老衰 7.6%	肺炎 7.2%	その他 30.8%

事故死 3.0%

10〜14歳			先天奇形 8.5%	心臓病 4.6%	
自殺 22.9%	がん 22.7%	事故死 11.7%			その他 29.6%

事故死の内訳			転倒・転落 13.7%			
交通事故 29.4%		水死 29.4%		窒息 9.8%	火災 7.8%	その他 9.9%

0　10　20　30　40　50　60　70　80　90　100%

（厚生労働省「人口動態統計」より）

1 傷害とその原因

①死亡原因…全体ではがん，心臓病，脳卒中が多く，中学生では自殺，がん，事故死の順に多い。

②中学校での傷害…体育的部活動や保健体育授業で多く発生。

③傷害の要因

・人的要因…危険な行動や不安定な心身の状態など。

・環境要因…危険な物や場所，気象条件など。

2 傷害の防止

①人的要因に対して…状況を把握し，判断して安全に行動する。危険予測・危険回避の力をつける。

②環境要因に対して…危ない物や場所についての点検，整備，改善を図る。

3 中学生の交通事故の原因…自転車乗用中のものが最多。

①原　因…無謀な運転やルールを守らないこと。

②危険な行動…信号無視，一時不停止，悪ふざけ，並走，ながら運転，歩行者の妨害。

→近年，自転車同士，自転車と歩行者の事故が多い。

→スマートフォンや音楽プレーヤーの操作をしながらの運転の事故が増えている。

◆傷害を起こす要因

人的要因
危険な行動
・ルールを守らない
・安全確認をしない
不安定な心身の状態
・気が焦っている
・他のことを気にしている

環境要因
危険な物や場所
・とがった物
・かたい物
気象条件
・強烈な風雨
・凍結した道

① 中学生の傷害の特徴をまとめよう。
② 傷害の人的要因と環境要因を考えよう。
③ 交通事故を防ぐために，私たちのできる危険予測をまとめよう。

保健体育

保健分野

②交通事故と犯罪被害の防止☆☆

参考 停止距離
　空走距離とはブレーキが効き始めるまでに車が走る距離，**制動距離**はブレーキが効き始めてから止まるまでの距離のことを指す。

① 交通事故の原因…**人的要因**，**環境要因**，**車両要因**が複雑に関係して起こる。

〔車両の特性〕

①**停止距離**…**空走距離＋制動距離**

②**内輪差**…自動車の後輪が，前輪よりも内側を通るときの差。

③**死　角**…運転者から見えない部分。

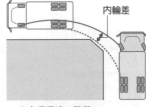

ぬれたり，凍結した路面では，さらに車は止まりにくくなる。車両が重いものも，制動距離が長くなる。

◆内輪差

内輪差

注意 自転車
　交差点でスピードを落とさずに曲がると，大きく曲がることになる。また，**二人乗りや傘さし運転**をすると，制御がきかなくなり，対向する自動車などにぶつかる危険性が増す。

② 交通事故の防止

①**安全な行動**…交通法規を守る。危険予測をした行動。

②**安全な環境づくり**…信号機や道路標識の設置など，交通環境の整備。

③**車両の整備**…車両の点検・整備。ヘルメット，ライト，反射材，シートベルトの使用。

◆交通環境の整備

自転車専用

発展 犯罪被害
　自分の身は自分で守る**自助**，公的な支援を行う**公助**，地域で助け合う**共助**が大切。

③ 犯罪被害の防止

①**中学生の犯罪被害**…興味や関心，行動範囲の広がり。
　→身に危険が迫った場合，**逃げる**，大声を出す，**防犯ブザー**を鳴らすなどの行動。
　　　└犯罪が起こりやすい場所に近づかないことも大切。

②**防犯の取り組み**…**子ども110番の家**，防犯教室など。

テストに出る 要点チェック ✔

□ 1．10〜14歳では，何が原因の死亡が最も多いですか。

□ 2．傷害は，環境要因と何が関わりあって起こりますか。

□ 3．自転車事故の原因となる行動の例を答えましょう。

□ 4．自動車の後輪が前輪よりも内側を通ることを何といいますか。

解答

1. 自殺
2. 人的要因
3. 安全未確認，信号無視など。
4. 内輪差

6．傷害の要因　**83**

7 自然災害

1 自然災害と傷害の防止☆

参考 災害時の正しい情報
災害時は混乱のなかで正確ではない情報が流れやすい。気象庁が流す**津波警報**などの防災情報、大きな地震などの揺れがくる前に震度や震源を知らせる**緊急地震速報**などを参考に行動する。

参考 家具の転倒
1995年の**阪神・淡路大震災**では、死者の約9割が圧迫死であった。

発展 PTSD
災害などにより、激しい恐怖や身近な人の死を体験すると、心の傷を受ける。これが回復せず、睡眠障害などの深刻な影響が出る症状をPTSD（**心的外傷後ストレス障がい**）という。

発展 災害時の連絡手段
災害用伝言ダイヤル「171」、災害用伝言板、SNS（ソーシャルネットワークサービス）なども活用できる。

① **自然災害**…日本は、**地震**、**台風**、**大雨**などが多い。

①地震は発生予知が困難で、大きな被害が出る。

- **一次災害**…地震の直接原因による被害。建物の倒壊、家具の転倒、器物の落下など。
- **二次災害**…地震に伴って起こる**津波**、**土砂崩れ**、**地割れ**、**火災**など。

②**災害への備え**…日頃からの備えが重要。→テレビやラジオからの正確な情報、**緊急地震速報**。

③**災害発生時の行動**

発生直後→身の安全の確保
→避難準備：避難経路の確保、二次災害の防止、正しい情報。安全な場所への避難。

┌─────────────────
| **地震発生直後**
| ・机などの下に隠れ、頭部を保護する。
| **避難準備**
| ・避難口を確保する。
| ・二次災害の防止に努める。
| ・正しい情報を集める。
| **避難開始**
| ・海など危険が予想される場所には近寄らない。
| ・体の不自由な人の安全を優先する。
└─────────────────

・コレ重要・
☞ **地震による災害** 一次災害（家屋の倒壊、揺れによる転倒など）
二次災害（津波、地割れ、火災など）

② **災害への備え**

①**日頃からの備え**…家具などの転倒防止、地震発生時の連絡のとり方の確認、**水や食料の備蓄**。
（非常用持ち出し品の準備も必要。）（備蓄は3日分が目安。）

②**防災知識を高める**…地域の**防災訓練**、防災体験学習施設の利用。

③**災害時の連絡**…電話がかかりにくくなるため、安否確認のためのサービスを活用。

◆大雨によって起こる災害

土砂崩れ
急な増水→中州に取り残される。
冠水　橋が崩壊。

① 地震や台風などで予想される被害とその後の行動を考えよう。
② 応急手当の流れをまとめよう。
③ 気道確保，人工呼吸，胸骨圧迫などの心肺蘇生法を整理しよう。

② 応急手当の基本☆☆

① **応急手当**…けがや病気の人が発生したとき，近くにいる人が**一時的に**行う手当。→傷病の**悪化の防止**。傷病者の苦痛や**不安**を軽減する。
<small>→治療の効果を高め，治療後の回復を早める意味もある。</small>

② **応急手当の流れ**…反応を確認し，**状況を把握**。→周囲に知らせ，**協力**を求める。必要なら**救急車**を呼び，傷病の状態に応じた手当をする。

③ **心肺蘇生法**…倒れた人に反応がない場合に，**心臓や肺のはたらき**を補うために行う。→**胸骨圧迫**や**人工呼吸**。

①心肺蘇生
・**胸骨圧迫**…胸骨の上から心臓を圧迫。人工的に**血液**を循環させ，脳や心臓の筋肉に酸素を送る。
・**AED**（自動体外式除細動器）→**心電図解析**と**電気ショック**。

②**気道確保**…額を押さえながら下あごを引き上げる。

③**人工呼吸**…傷病者の肺に人工的に酸素を送り込む。

④ **けがの手当**…出血の応急手当→**直接圧迫止血法**が基本。
<small>→患部を圧迫して止血する。</small>
骨折やねんざの応急手当→**包帯法**で患部を固定。

◆応急手当の進め方

傷病者を発見
↓
周囲の状況の確認
↓
反応の確認 → 反応あり → 安静・観察
↓反応なし
助けを求め，119番通報，AED依頼
↓
心肺蘇生の実施

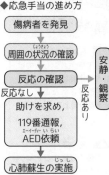
①
②
③

参考 AED
停止した心臓に電気ショックを与え，**心臓のはたらきを正常に戻すための機器**。学校や駅などの公共施設には設置が進んでいる。

注意 気道確保
人工呼吸の前に気道確保を行うのは，傷病者の喉の奥を広げ，空気の通りをよくするためである。

発展 脱きゅう手当
固定具は使用しない。変形したところを直そうとしない。ただし，骨折の疑いがある場合は，骨折の手当てをする。

保健体育
保健分野

テストに出る 要点チェック✓

□ 1. 地震によって起こる二次災害には何がありますか。

□ 2. 応急手当の意義を1つ答えましょう。

□ 3. 傷病者を発見した場合，次に何を行いますか。

□ 4. 心肺蘇生で，119番に通報したあと，まず行うことは何ですか。

□ 5. 出血のある患部を直接圧迫して止血する方法は何ですか。

解答
1. 津波，土砂崩れなど
2. 痛みや不安を和らげる，救命など
3. 周囲の状況の確認
4. 胸骨圧迫
5. 直接圧迫止血法

8 健康の成り立ちと病気

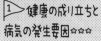

1 健康の成り立ちと病気の発生要因☆☆☆

発展 日本人の死因
感染症が減少したのは，個人の栄養状態や生活環境が改善されたことや医療水準の向上などによる。

発展 免疫
主体の要因のひとつ。外部から入ってきた異物を認識して攻撃し，排除しようとする体の機能。

参考 ヘルスプロモーション
健康とそれを決定する要因を自分でコントロールすることと，その実現を支える社会の取り組みの両方が必要という考え方である。

① **健康の成り立ち**…日本人の平均寿命は延びてきたが，生活習慣を要因とした健康問題が増えている。

→病気は，**主体の要因**と**環境の要因**が複雑に絡み合っている。

①主体の要因

・**素因**…体質，性，年齢など。

・**生活習慣や行動**…食事，運動，睡眠など。

②環境の要因

・**物理・化学的環境の要因**…温度，湿度，有害化学物質など。

・**生物学的環境の要因**…細菌，ウイルス，動植物など。

・**社会的環境の要因**…人間関係，保健制度，社会情勢など。

② **病気の発生要因**…**主体の要因**と**環境の要因**が影響し合って，病気が発生する。

①**生活習慣病の増加**…乱れた食生活や運動不足など。

②**新たな感染症**…**新興感染症**という。エイズや SARS，COVID−19 など。

③**感染症の再流行**…**再興感染症**という。結核など。

・**コレ重要**・
☞ 健康は，主体と環境をよい状態に保つことで成り立っている。

2 運動と健康

参考 運動の継続
生活の中に，意識的に運動をとり入れることが大切である。

参考 運動の3つの条件
①安全であること
②効果があること
③楽しいこと

① **運動の効果**…運動を続けることで，体の発育・発達を促す。

①**各器官の発達**…骨，筋肉，呼吸器，循環器などの発達に効果がある。

②**体力**…健康を支えるのに必要な体力が養われる。

③**気分転換**…適度な運動で緊張やストレスが和らぎ，気分転換を図ることができる。

④**病気の予防**…運動不足は肥満や動脈硬化・糖尿病などの生活習慣病の原因となる。

② **健康づくりのための運動**…年齢や生活環境に応じた適度な運動を心がける

得点アップUP

① 主体の要因，環境の要因にはどんなものがあるか調べよう。
② 生活の中に運動を取り入れる方法を考えよう。
③ 健康を保つために大切な食生活の注意点を整理しよう。

②食生活・休養と健康 ☆☆

参考 エネルギー
　人間は何もせずにじっとしているときにもエネルギーを消費している。また，臓器ごとにエネルギーの消費量は異なる。

参考 運動の効果
　体の各器官を発達させ，健康を保持増進する。ストレスを緩和する効果もある。

発展 中学生の時期の運動
　持久力や筋力が特に発達する時期であるため，これらを高める運動を継続して行うと効果的である。

発展 疲労の原因
　学習や運動，作業などを長時間行うことは疲労をもたらす。

① エネルギーと食事

・**基礎代謝量**…生命を維持するために最小限必要なエネルギーの消費量。
<small>12〜14歳の標準体重の場合の基礎代謝量は男子1,520 kcal，女子1,410 kcalである。</small>

① **1日に消費するエネルギー量**
　基礎代謝量と活動によって消費するエネルギー量の合計。

② **食事**…エネルギーを体に補給すること。活動や年齢に合った食事をとる必要がある。

③ **運動の必要性**…活動量の少ない場合，普通の食事でエネルギー過多になりやすいため，積極的に運動を取り入れる。

④ **生活リズムと食生活**…食生活が乱れると健全な発育・発達ができず，健康に悪影響。

② 休養・睡眠と健康

① **現代生活と疲労**…疲労の蓄積は，抵抗力の低下につながり，病気にかかりやすくなる。

② **休養と睡眠**…心身の疲労を回復させる。
　休養の取り方…休息，入浴，睡眠，栄養補給，軽い運動
　<small>→生体リズムに合わせ，決まった時間帯に眠ることが大切。</small>

③ **睡眠の効果**…疲労を取り，活力を蓄える。体の抵抗力を高める。精神を安定させる。

◆中学生の食生活上の注意

毎日，朝食をきちんと食べる。

カルシウム，鉄，食物繊維などをとる。

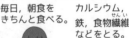

無理なダイエットをしない。

夜食は消化のよいものを選ぶ。

テストに出る 要点チェック

☐ 1. 体質，年齢などの主体の要因を何といいますか。
☐ 2. 生物学的環境の要因にはどんなものがありますか。
☐ 3. 運動の効果を1つ答えましょう。
☐ 4. 生命を維持するために最小限必要なエネルギーの消費量を何といいますか。
☐ 5. 心身の疲労を回復するには，何と何が必要ですか。

解答
1. 素因
2. 細菌，動植物，ウイルスなど
3. 体の各器官の発達，気分転換など
4. 基礎代謝量
5. 休養と睡眠

保健体育

保健分野

9 生活習慣病

1 生活習慣病とは☆☆☆

① 生活習慣病と予防

①生活習慣病…生活習慣が原因で，発症や進行に関係する病気。

②問題となる生活習慣…食生活の乱れ，運動不足，睡眠不足，喫煙，飲酒，ストレスなど。
└子どもの生活習慣病の発症も増加している。

③生活習慣病と関係が深い病気

・脂質異常症(高脂血症)…血液中の脂肪が異常に増えた状態。

・COPD（慢性閉塞性肺疾患）
肺に炎症が起こり，せきや息切れなどがでる病気。進行すると，がん，心臓病，脳卒中，糖尿病の合併症が現れる。
└がん，心臓病，脳卒中は，日本人の死亡原因の上位を占める。

④生活習慣…問題が多い生活習慣を続けた結果，生活習慣病を発症する。歯周病もその1つ。

② 循環器の病気…血管の内側に脂肪などがかたまり，狭くなったり，詰まったり，破れたりして起こる。

①動脈硬化…動物性脂肪のとりすぎや運動不足で，血管の壁にコレステロールなどの脂肪がたまり，血管が硬くなったりもろくなったりした状態。

②高血圧…塩分の取り過ぎやストレスなどで，血管にかかる圧力が異常に高くなった状態。

参考 脂質異常症
LDLコレステロール（健康に害を及ぼしやすい）が多すぎたり，HDLコレステロール（健康によい働きをする）が少なすぎたりする。

発展 心臓病
血管の中が狭くなり，その先の心臓の筋肉が酸素不足になる狭心症や，血管が詰まる心筋梗塞など。激しく胸が痛む発作や心臓のはたらきに障害が出る。

発展 脳卒中
脳の血管が破れる脳出血や，脳の血管が詰まって起こる脳梗塞など。意識を失ったり，体のまひが出たりする。

◆生活習慣病の進み方

生活習慣の乱れ
| 運動不足 | 睡眠不足 |
| 喫煙 | 飲酒 | ストレス |

生活習慣病
| 脂質異常症足 |
| COPD |

重い症状（重篤化）
| 脂質異常症 |
| がん | 心臓病 | 脳卒中 |
| 糖尿病の合併症 |

◆循環器の病気の例

心臓病
狭心症
血管がせばまり，心臓の筋肉が酸素不足になる。

心筋梗塞
血管が詰まり，心臓の筋肉が死ぬ。

脳卒中
脳梗塞
血管が詰まり，脳細胞が死ぬ。

脳出血
血管が破れ，血液が脳細胞を圧迫する。

・コレ重要・
☞生活習慣病は，食生活（塩分が高い，脂肪が多い），睡眠・運動不足，ストレス過剰，喫煙，飲酒などが原因。

保健体育
保健分野

② 生活習慣病の予防☆☆

参考 がんの危険性を下げるもの

運動などの身体活動を取り入れたり，野菜・果物を積極的に食べたりすると，がんを発症する危険性を下げる。

注意 糖尿病

糖尿病には，生活習慣とは関係なく起こるものもある（Ⅰ型糖尿病）。

発展 メタボリックシンドローム

内臓脂肪がたまっている状態にくわえて，高血圧，高血糖などのリスクが２つ以上あること。内臓脂肪症候群ともいう。

メタボにならないようしっかり生活習慣病の予防をしようね！

① 重い症状が現れる生活習慣病

①が　ん…体内の正常な細胞が異常な細胞に変化し，次々に増殖することにより，器官のはたらきを侵す病気。

・原　因…喫煙，細菌・ウイルス感染，塩分のとりすぎ，食物繊維や緑黄色野菜の不足。

②糖尿病…血液に含まれるブドウ糖の量が異常に多くなる病気。心臓病や脳卒中，腎臓や目，血管，神経の障がいなどを引き起こす。

・原　因…エネルギーの取り過ぎ，運動不足，肥満。

② 生活習慣病の予防

①予防→生活習慣を見直して健康を増進し，発病を予防する。

②定期検査→早期発見・早期治療のため，定期的な検査を受診する。生活習慣病には痛みなどの自覚症状がなく，意識しないうちに進行するため。

③社会的環境の整備→運動施設の整備，健康づくり活動，健康診査・健康指導などが必要。

◆生活習慣病を防ぐために

運動　栄養　休養

自己管理

体重の管理　血圧の管理

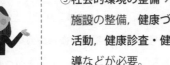

検査

テストに出る **要点チェック**✓

□ 1．生活習慣が発症や進行に関係する病気を何といいますか。
□ 2．1．の原因となる生活習慣の例を答えましょう。
□ 3．1．が重症化して起こる心臓の血管が詰まる循環器の病気は何ですか。
□ 4．体内の正常な細胞が異常な細胞に変化し増殖する病気を何といいますか。

解答
1．生活習慣病
2．運動不足，食生活の乱れなど
3．心筋梗塞
4．がん

9. 生活習慣病　89

10 喫煙・飲酒・薬物

月　日

1 喫煙・飲酒と健康 ☆☆

注意 たばこの煙に含まれる有害物質

ニコチン，タール，一酸化炭素のほかに，猛毒とされているシアン化物（青酸カリ）やダイオキシンもわずかに含んでいる。

発展 未成年者喫煙防止法

未成年者の喫煙を禁止すること，親が未成年者である子の喫煙を止めること，販売業者は未成年者へのたばこの販売をしないことなどが明記されている。

参考 日本人とアルコール

日本人の4割は，アルコールを分解する途中でできる有害なアセトアルデヒドを分解する酵素が弱い。

発展 アルコールの脳への影響

性格の変化や認知症などの症状が現れる。

1 喫煙

①喫煙の健康への影響

・たばこの煙に含まれる有害物質…ニコチン，タール，一酸化炭素など200種類以上。

・喫煙の急性影響…毛細血管の収縮，血圧の上昇，酸素運搬能力の低下，せき，心臓への負担の増加，思考能力や運動能力の低下など。

・喫煙の慢性影響…肺がん，慢性気管支炎，心臓病など。

②未成年者の喫煙の害…心身の発育・発達期には有害物質の影響を受けやすく，依存症になりやすい。

③周囲への影響

健康増進法によって，分煙などの受動喫煙防止のための対策が義務づけられている。

・受動喫煙…喫煙者の近くにいる人が，たばこの先から出る副流煙と喫煙者が吐く煙を吸い込むこと。

・妊婦の喫煙…胎児の発育に影響。早産などの危険を高める。
流産，周産期死亡，低出生体重など。

◆たばこの煙に含まれる有害物質とその影響

物質	影響
ニコチン	毛細血管の収縮 依存性
タール	がん
一酸化炭素	酸素運搬能力の低下

◆たばこの主流煙と副流煙

一酸化炭素　タール　ニコチン
31.4mg　10.2mg　0.46mg
主流煙
副流煙
一酸化炭素　タール　ニコチン
148mg　34.5mg　1.27mg

2 飲酒

①飲酒の健康への影響…酒類の主成分のアルコールは，脳や神経のはたらきや，思考力・自制心，運動能力を低下させる。
エチルアルコールともいう。

→酒を飲み，血中アルコール濃度が上昇すると心身のはたらきに影響が生じる。大量の飲酒は急性アルコール中毒を起こし，死に至ることもある。
転落，交通事故，暴力，傷害事件などが起こりやすくなる。

②長期にわたる飲酒の害…アルコールには依存性がある。

・肝臓病，胃・腸・すい臓などの病気やがん，脳への影響。
脂肪肝，肝炎，肝硬変

③未成年者の飲酒の害…心身の発育・発達期はアルコールの悪影響を強く受ける。アルコール依存症になりやすい。
未成年の飲酒は未成年者飲酒禁止法で禁止されている。

① たばこの煙に含まれる有害物質や周りへの影響をまとめよう。
② 飲酒の害やアルコールのもつ特徴を整理しよう。
③ 薬物乱用の社会への悪影響を考えよう。

保健体育

保健分野

②喫煙・飲酒・薬物乱用の防止☆☆

参考 薬物
すべての薬物には**依存性**がある。以前と同じ量で服用しても効かなくなり、量や回数が増える。
脳に直接作用するために、心身に大きな害を及ぼす。

注意 フラッシュバック現象
薬物乱用をやめてしばらく経過してから、飲酒や強いストレスなどで、**幻覚や妄想**が現れること。

参考 喫煙・飲酒・薬物乱用をしないために
その害を理解し、絶対に手を出さないという意志を強くもつことが大切である。

① **薬物乱用**…医療の目的から外れて医薬品を使用したり、医療が目的でない薬物を不正に使用したりすること。
> 1回の使用でも乱用である。

①**乱用される薬物**…覚醒剤、大麻、麻薬、有機溶剤、危険ドラッグなど。

②**薬物依存の過程**…一時的な満足を得るために乱用するが、薬が切れると不安やいらいらが生じ、**禁断症状**が
> 疲労感、震え、吐き気などの身体症状。

現れるため薬に頼る。それを繰り返し、しだいに薬の量が増えていくこと。

◆薬物依存の怖さ

1回くらい… つかの間の満足感

欲しくてたまらない。

不安感、疲労感

量が増える。 禁断症状

③**薬物乱用の害**

・覚醒剤…薬が切れると、**脱力感**や疲労感、憂鬱感を感じる。
> 1回の使用で、呼吸が止まったり脳の血管が破れたりして死亡することもある。

乱用を繰り返すと、**幻覚・妄想**などが現れる。
> 体が痩せ衰えたり、歯が抜けたりするなど、身体的にも影響が出てくる。

② **喫煙・飲酒・薬物乱用のきっかけ**

①**個人の要因**…健康への害や社会への悪影響の知識が不十分であるためや、好奇心などから。

・**防止対策**…害についての理解。絶対に手を出さないという強い意志。ことわり方などの対処能力。

②**社会的環境の要因**…テレビや新聞、雑誌などのたばこや酒の広告、周囲の人からの誘い、自動販売機。

・**防止対策**…害を知らせる警告表示、年齢確認、罰則の強化、広告・自動販売機の規制。

テストに出る 要点チェック✓

☐ 1. たばこの煙に含まれる有害物質を1つ答えましょう。

☐ 2. 一度に大量の酒を飲むと、何を起こしますか。

☐ 3. 医療の目的でない薬物を不正に使用することを何といいますか。

☐ 4. 3.を繰り返すうちに、自分の意志でやめられなくなった状態を何といいますか。

解答
1. ニコチン、タール、一酸化炭素
2. 急性アルコール中毒
3. 薬物乱用
4. 薬物依存

11 感染症

表でおさえよう ◉主な感染症

病　名	結核	はしか (麻しん)	インフルエンザ	風しん	ノロウイルス感染症
病原体	結核菌	麻しんウイルス	インフルエンザウイルス	風しんウイルス	ノロウイルス
潜伏期間	数か月〜2年	2週間	1〜3日間	2〜3週間	1〜2日間
主な感染方法	空気感染 空気中に漂っている，せきやくしゃみによって出された病原体を吸い込むことで感染する。		飛まつ感染 せきやくしゃみの飛まつ（しぶき）などを直接吸い込むことで感染する。		経口感染 病原体に汚染されたものを取り込むことで感染する。
主な症状	発熱，せき	高熱，発しん	高熱，せき 頭痛，関節痛	発熱，発しん	下痢，おう吐

1 感染症とその対策 ☆☆

発展 潜伏期間

感染から発病までの期間のこと。病原体の種類により，期間は異なる。

参考 新たな感染症

エイズやSARS（重症急性呼吸器症候群），COVID−19などの新しい感染症が出現している。克服されるように見えていた結核などの感染症も，再び地球的規模でまん延している。

注意 予防接種

ワクチンを接種することにより，病原体と闘う抗体をつくり，実際の病原体の侵入に備える。

1 感染症…細菌やウイルスなどの病原体が体に侵入して定着・増殖（感染という）し，病原体の感染によって起こる病気。病原体が増殖し，症状が出る状態を**発病（発症）**という。
→病気によっては，患者の隔離や検疫が行われることがある

・**感染症の発生**…温度や湿度，人口密度，交通などの**環境の条件**と，栄養状態や抵抗力などの**主体の条件**が関係する。

2 感染症の予防…**感染源・感染経路・体の抵抗力**の対策。

①**感染源**…病原体を保有する人や動物・昆虫，病原体に汚染されたもの。→**患者の早期発見・早期治療**，汚染されたものなどの**消毒，滅菌**。
疲労，睡眠不足，免疫不全などの病気で抵抗力が弱っている場合，病原体が増殖し，発病しやすい。

②**感染経路**…病原体がうつる道筋→**手洗い，うがい，マスク，換気，学級閉鎖**などで，感染が広がらないようにする。

③**体の抵抗力**…病原体から体を守り，**病気に勝つ力**。

→**運動・栄養・休養，予防接種**などが有効。

→病原体が体内に侵入すると，**免疫**がはたらく。

・**マクロファージ**…病原体を**食べる**。

・**リンパ球**…**抗体**を出して攻撃する。感染した細胞を**破壊する**。

◆免疫が機能する仕組み

病原体
病原体を食べる
マクロファージ
・感染した細胞を破壊する

情報を伝達

リンパ球
・抗体を出す

リンパ球（B細胞）

抗体を出し，病原体を攻撃する

リンパ球（キラーT細胞）
・感染した細胞を破壊する

感染した細胞

① 主な感染症と病原体を整理しよう。
② 予防接種を打つ目的を，免疫の仕組みから考えよう。
③ HIV に感染した場合の症状や感染経路をおさえよう。

②▶**性感染症と対策・エイズ**☆☆☆

① 性感染症…性的接触により感染する病気。

〔主な性感染症〕→近年，性器クラミジア感染症を中心として，特に若い世代で感染率が高い。

病 名	性器クラミジア感染症	りん菌感染症	性器ヘルペスウイルス感染症	梅 毒
病原体	クラミジア・トラコマチス	りん菌	単純ヘルペスウイルス	梅毒トレポネーマ
潜伏期間	2〜3週間	2〜9日間	2〜21日	3週間
主な症状 男性	尿道からうみ尿道のかゆみ排尿痛	尿道からうみ排尿痛	性器周辺の痛み，かゆみ，水ぶくれ	性器周辺のしこり
主な症状 女性	腹痛（無症状なことが多い）	腹痛（無症状なことが多い）		全身にはん点

①**病原体の存在するところ**…感染者の精液・腟分泌液，血液などの体液，性器や口などの粘膜やその周辺の皮膚の傷口。

→性感染症を治療せず放置しておくと，不妊の原因になったり，母から胎児に母子感染したりする。

②**特徴・予防**…性的接触で感染の可能性→**性的接触をしないこと**が予防。明確な症状が出なかったり，**潜伏期間**が長かったりする。

② エイズ…**HIV**（ヒト免疫不全ウイルス）というウイルスに感染して起こる病気。無症状のまま経過するが，**免疫のはたらきが低下**し，発病するとさまざまな**感染症やがん**にかかりやすくなる。

① **HIV の存在するところ**…感染者の精液，腟分泌液，血液など。

→注射器の共有などで感染することがある。

②**感染経路**…**性的接触・血液**による感染，**母子感染**。

③**予 防**…他の感染症と同様に，**性的接触をしないこと**が有効。

・**コレ重要**・

☞ 性感染症や HIV →性的接触をしないことが最も有効な予防となる。

参考 性感染症の潜伏期間

潜伏期間が長いことから，気づかないうちに性感染症を他の人に感染させてしまうことがある。

病原体の存在するところと特徴・予防を確認しておこう。

参考 HIV 検査

保健所や保健センターにおいて HIV 検査を行っている。匿名・無料で検査や相談を受けられる。感染しても，早期に適切な治療を行えば，エイズの発病を抑えられる。

保健体育

保健分野

テストに出る 要点チェック ✓

☐ 1．感染症の発生には，環境の条件と何の条件が関係しますか。

☐ 2．インフルエンザの病原体を答えましょう。

☐ 3．病原体がうつる道筋を何といいますか。

☐ 4．性感染症の病原体はどこに存在しますか。

解答
・1．主体の条件
・2．インフルエンザウイルス
・3．感染経路
・4．感染者の精液などの体液，性器などの粘膜や周辺の皮膚など

11. 感 染 症　**93**

健康であるために

1 保健・医療機関の利用☆

参考 食品衛生の検査
保健所は，食品衛生に関する検査や指導などの業務も行っている。

参考 保健センター
保健センターは，地域により「保健福祉センター」「健康福祉センター」など，名称が異なる。

参考 医療機関の分類
ベッドが20床以上の**病院**と，19床以下の**診療所**に分けられる。

発展 病気の状態を伝える方法
病気やけがの状態を正しく伝えるには，以下のようなことをあらかじめ書き留めて治療を受けるとよい。
・痛い部分。
・どのように痛むか。
・どんなときに痛むか。
・いつから始まった痛み（けが）か。

1 保健機関

①保健所…都道府県や政令市などが運営する。
・活　動→感染症対策，地域の保健計画の策定など専門的で広い地域の保健サービスを行う。
②保健センター…市町村などが運営する。
・活　動→健康相談，健康教室，健康診断，予防接種など，市町村の地域住民に対する保健サービスを行う。

2 医療機関

◆医療機関と利用の仕方

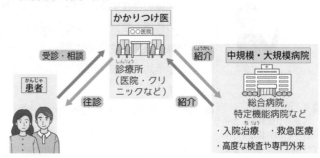

病気やけがの治療が必要なときに利用する**診療所**や**病院**などの機関。
①かかりつけ医…**診療所**，クリニックなど。
　日常的なけがや病気，健康管理などを行ってくれる身近な医療機関。病気や薬についての相談を受ける。
②中規模・大規模病院…総合病院・特定機能病院など。
　入院治療，高度な検査や外来治療，救急医療を行う。

［コレ重要］
☞かかりつけ医（診療所）→専門的な治療は，かかりつけ医から紹介を受け，総合病院などで受診。

① 保健機関・医療機関のそれぞれの役割を整理しよう。
② 身の回川にある医薬品にはどのようなものがあるか調べよう。
③ 医薬品の役割や注意点をおさえよう。

② 医薬品の使い方 ☆☆

参考 **医薬品の形状**
口から飲む**内用剤**, 貼ったり塗ったりする**外用剤**, 血管内や筋肉に直接入れる**注射剤**などがある。

発展 **医薬品の副作用**
医薬品の**性質**や使用する人のもつ**体質**, 病気の**状態**, **使用方法**などにより現れることがある。

参考 **お薬手帳**
自分が使った薬についての情報を記録しておくもの。調剤薬局などで受け取ることができる。

1 医薬品の作用

①医薬品…治療や予防のために使われる薬。性質や目的により, 形状が異なる。

②分類
・医療用医薬品…医師に処方される薬。
・一般用医薬品…薬局やドラッグストアなどで直接購入する薬。市販薬, OTC医薬品とも呼ばれる。

③主作用と副作用…医薬品には, 治癒に効果的な作用の主作用と, 好ましくない作用の副作用がある。

2 医薬品の使い方

①医師の指示や注意書きに従って, **使用回数, 使用時間, 使用量**などの使用方法を守って使う必要がある。

②使用後に, いつもと違う症状が出たときには, すぐに医師や薬剤師に相談をする。

③医薬品だけに頼るのではなく, 自分の体のもつ自然治癒力を十分に発揮できるようにする。
→病気やけがから回復しようとする体の能力。
→栄養・休養・睡眠を十分とる。

◆医薬品の形状

内用剤 口から飲む	カプセル	粉薬	錠剤

外用剤 塗る, 貼るなど	軟こう	貼付剤	点眼剤

注射剤 血管内や筋肉などに直接入れる	注射	点滴

テストに出る 要点チェック ✓

□ 1. HIV検査を受けたい場合, どこに相談するとよいですか。

□ 2. 保健センターの行う業務を1つ答えましょう。

□ 3. 医療機関のうち, 19床以下の医療機関を何といいますか。

□ 4. 医薬品のうち, 口から飲む薬の形状を答えましょう。

□ 5. 医薬品のもつ, 主作用以外の好ましくない作用を何といいますか。

解答
1. 保健所, 保健センター
2. 健康相談, 健康診断, 予防接種など
3. 診療所, 医院, クリニック
4. 内用剤
5. 副作用

保健体育
体育分野

月　日

　スポーツとの付き合い方

①スポーツの学び方☆☆

発展 **表現の仕方**

　ダンスやフィギュアスケートには，テーマや感情を表すための**表現の仕方**がある。

　表現の仕方を習得するには，テーマからイメージを捉えたり，リズムの特徴を捉えて全身でリズムに乗ったりすることなどが必要である。

PDCAサイクルはいろいろな場面でも使うよ。

参考 **現代の生活とスポーツ**

　現代の生活は**運動不足**になりがちで，体力の低下による**肥満**や**生活習慣病**になりやすい。

　スポーツを積極的に取り入れることは，健康に生活するための体力を維持・向上させるために効果的である。

❶ **スポーツの学び方**…スポーツには，さまざまな**競技**や**種目**があり，特有の技術や戦術，表現の仕方がある。

→技術や戦術を身につけることで，より楽しく，深みが出る。

①技術と学び方

・**技術**…目的にかなった**合理的**な体の動かし方。

・身につけたい**技術**だけを取り出して**重点的**に練習する。

・**段階的**に実際の動きに近くなるように練習する。

・試合形式など，一連の**流れ**の中で練習する。
　　→練習の場を工夫して，技術が身につきやすいようにすることも効果がある。

②戦術の仕方と学び方

・**戦術**…技術を使って**相手**との試合を有利に運ぶプレイの仕方。

・**作戦**…対戦する相手や競技の場合の条件に応じてどういう戦術でのぞむかなど，**ゲームや試合の行い方の方針**。

・**人数**，コートの広さ，**状況**などを**工夫**して練習する。

❷ **スポーツの心身への影響**

①スポーツが体に及ぼす効果…体の**発育・発達**，運動技能の上達，体力の維持・向上。
　　→健康に生活するための体力と運動を行うための体力がある。

②スポーツが心に及ぼす効果

・**達成感**や**自信**を得ることができる。

・いろいろなことに**挑戦**する意欲が出てくるようになる。

・**ストレス**を解消したり，精神を**リラックス**させたりする。

・**緊張感**や**焦り**などの**感情**を**コントロール**できるようになる。

・**決断力**や**忍耐力**が高まる。

◆ PDCAサイクルで学ぶスポーツの例

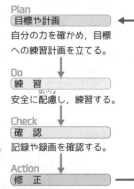

Plan
目標や計画
自分の力を確かめ，目標への練習計画を立てる。

Do
練習
安全に配慮し，練習する。

Check
確認
記録や録画を確認する。

Action
修正
目標や練習について改善案を考える。

・**コレ重要**・

☞ **スポーツ**をすると，**達成感**を得て**自信**をもてるようになり，**意欲**が出る。

保健体育

体育分野

②スポーツと社会性・文化的意義☆☆☆

参考 ルール
試合を行うたびに当事者同士が決めていた。スポーツが世界に広がるにつれ，共通の条件が求められるようになり，国際的なルールが定められた。

参考 スポーツ活動の3つの条件
①強さ→目標に応じて，強さを決める。
②時間→運動の強さを考えて，続ける時間を決める。
③頻度→運動の強さや時間を考え，週に何回行うか決める。

発展 スポーツの推進の動き
ヨーロッパでは，1970年代頃から，スポーツをするのはすべての人の権利で，その振興が国には大切という理念が広まった。

① スポーツと社会性

①ルールとマナー

- ルール…スポーツの公正さと楽しさ・安全を保障するためにつくられた。同じ条件で競い合うことができる。
  →ルールはさまざまな要因で改正されていく。
- マナー…スポーツをより楽しく行うためのもの。地域や時代によって異なる。自発的に行う，相手への気づかい。
  →現在では，国際的なマナーなども求められている。

②スポーツと社会性

- フェアプレイ…ルールを守り，よいマナーで相手を尊重し，プレイすること。
- チームワーク…チームの目的を達成するために最善を尽くし，役割を分担して協力し合うこと。
- スポーツマンシップ…フェアプレイをする態度や考え方。
  →スポーツパーソンシップということもある。

③スポーツ活動の条件
スポーツを行うには，そのスポーツの特性を理解し，目的に適したものを選ぶことが大切。強さ・時間・頻度などのスポーツ活動の条件を決め，計画を立てる。

② スポーツの文化的意義
…健やかな体と心を育み，他の人々や自然などとの豊かな交流をし，自分の可能性を広げる。

①スポーツ推進の取り組み
国がスポーツ基本法に基づきスポーツ基本計画を定めている。
→自治体では，これに基づきスポーツ推進計画を立てる。

②国際的なスポーツ大会
世界では，オリンピック競技大会（オリンピック），競技ごとの世界選手権大会やワールドカップなどが行われている。
→創始者はクーベルタン。4年に1度開催。2018年に平昌（韓国），2020年に東京で開催される。

→国際親善を深めたり，世界平和の実現に貢献したりする。

テストに出る 要点チェック☑

□ 1．公正さや安全を保障するためにスポーツで決められているものを何といいますか。

□ 2．1．を守り，相手を尊重し，よいマナーでプレイすることを何といいますか。

□ 3．スポーツ活動の条件を3つ答えましょう。

□ 4．自治体で定めるスポーツ振興の計画を何といいますか。

解答
1．ルール
2．フェアプレイ
3．強さ・時間・頻度
4．スポーツ推進計画

体つくり運動・スポーツテスト

1 体ほぐしの運動と体力を高める運動☆☆☆

参考　体つくり運動の意義

健康的な生活をおくるために自主的に運動をして基礎の力を高める。自分で体つくりができる力を身につける。

参考　体力を高める運動

動きを持続する能力を高める運動も体力を高める運動のひとつである。

運動の例としては，連続馬跳びやいろいろな種類の縄とび，サーキットトレーニング（能力や全身の持久力を高めるためにいろいろな運動を組み合わせ，$\frac{1}{2}$ の負荷で順番に2〜3セット行うトレーニング方法）などがある。

発展　エアロビクス

リズミカルな動きを継続することで，体内に継続的に酸素を取り入れ，体の動きを**持続する能力を高める運動**。

心筋機能の向上，肥満防止に効果がある。

① **体ほぐしの運動**…誰にでも取り組みやすいいろいろな運動を友達と楽しみながら行い，**心**と**体**の状態に気づいたり，体の調子を整えたりする。

①ねらい…自分の体に**気づく**，体の**調子を整える**，友達と交流するなど。

②運動の例

交差歩き　　　　担ぎあい　　　　人間椅子

＊いろいろな遊び（用具を使う）
→ボール，輪，なわとび，タオル，フラフープなど。

走り抜け

② **体力を高める運動**…体を動かす楽しさや心地よさを味わい，健康に生活するための体力を直接高めるために行う。

①ねらい…体のやわらかさやたくみな動きの向上，動きを持続する能力の向上など。

②運動の例…今の自分の力で体力を高める運動をする。自分の体力に合わせた体力を高める運動をする。

体のいろいろな部分のやわらかさを高める。

力強い動きを高める。
→腕立て伏せ，バービー，片足屈伸なども力強い動きを高める運動のひとつである。

自分の身長よりも遠くに跳べるようにジャンプする。

あごを上げて反らす。

コレ重要

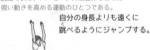

☞ **体ほぐし運動には，気づき，調整，交流のねらいがある。**

① 体ほぐし運動の 3 つのねらいを覚えよう。
② 体ほぐし運動・体力を高める運動にはどんなものがあるかまとめよう。
③ 新体力テストで行う種目を覚えよう。

保健体育

体育分野

② 新体力テスト☆

① **握 力**…握力計の指針を外側にして持ち，力いっぱい握る。

② **長座体前屈**…両手を箱から離さないように前屈して，できるだけ遠くに滑らせる。

靴は脱ぐ。

③ **反復横跳び**…中央の線をはさんで立ち，「始め」の合図で，右→中央→左→中央の順に，繰り返し**サイドステップ**。

100cm　100cm

④ **上体起こし**…両腕を胸の前で組み，あおむけになる。始めの合図で上体を起こし，すぐに元の姿勢に戻す。30 秒間にできた回数を記録。

⑤ **持久走（男子 1,500m，女子 1,000m）**…**スタンディングスタート**で，スタートの合図から，ゴールラインに胴が着くまでの時間を計測。
　　　　　　　　　　　　　　　　　　　　　　　頭や手足ではない。

⑥ **20m シャトルラン（往復持久走）**…スタートし，電子音が鳴るまでに 20 m 先の線に着くように走る。線を越
持久走か 20 m シャトルランはどちらかを選択する。
えたら向きを変え，次の電子音が鳴ったら再び走り始める。

スタート／折り返し　　20m　　折り返し

⑦ **50m 走**…**クラウチングスタート**で時間を計測。

⑧ **立ち幅跳び**…両足で同時に踏み切って前方へ跳ぶ。

⑨ **ハンドボール投げ**…直径 2 m の円の中からハンドボールを投げる。

注意 握 力
左右交互に 2 回ずつ行う。握るときには，握力計を振り回さない。

注意 長座体前屈
前屈をするときにひざを曲げないようにする。靴を脱ぐ。

注意 上体起こし
上体は，両肘が両大腿部に着くまで起こす。

注意 20 m シャトルラン
電子音についていけず走るのをやめたとき，または 2 回続けて電子音が鳴る前に線に着かなかったときはテストを終了する。

参考 ハンドボール投げ
ステップをして投げると，記録がのびやすい。

テストに出る 要点チェック✓

☐ 1. リズミカルな全身運動を継続させ，動きを継続する能力を高める運動を何といいますか。

☐ 2. ストレッチ体操は，体ほぐしの運動か体力を高める運動かどちらですか。

☐ 3. サイドステップを使い，敏しょう性を測るスポーツテストの種目は何ですか。

解答
1. エアロビクス
2. 体ほぐしの運動
3. 反復横跳び

器械運動 ①

▷マット運動
☆☆

① 開脚前転…回転したら，足がマットに着く直前に開く。両手は股の近くに着く。
かかとを勢いよく前に振って出す。

参考　開脚前転
　両手をマットに着いたあとは，尻を上に持ち上げるようにして立ちあがる。

マット

② 伸しつ前転…腰を高い位置に保ちながら前転し，ひざをのばしたままマットを押すようにして体を起こす。体を曲げすぎない。

注意　倒立回転
　頭頂立から，前転などの練習をし，倒立の補助などをしてもらってからのぞむと無理がない。

③ 後転倒立…後転の勢いをつけて後ろに倒れ，両手を着く。頭を抜き，腰をのばして倒立。

頭の脇に両手を着く。

周囲の安全を確認してから取り組もう。

④ 頭はね起き…尻を前に倒し，腕とひじを勢いよく前にのばす。頭と手で体を支えて倒立後，腰を90度くらいに曲げ，体を振ってブリッジで起き上がる。体を反らせるように，体のばねではねる。
素早くバンザイの状態。
腰をのばすのとはねるタイミングを合わせるようにする。

参考　側方倒立回転
　下半身の回転で上半身の回転がつくられる感覚を覚える。回転の後半で**手首を返し，上体を起こす。**

⑤ 側方倒立回転…上体をひねりながら手を着き，回転しながら進む。両手と両足が一直線上を移動するように回転させる。

手の近くに足をおろす。

得点アップ UP
① マット運動では，後転，はね起き，倒立などのポイントを覚えよう。
② 鉄棒は，場を工夫したり，補助をし合ったりして練習しよう。
③ 鉄棒では，回転のときの姿勢を確認しよう。

2 鉄　棒☆☆

参考　ひざかけあがり
　ひざを鉄棒にかけた状態で，体を前後に振ることができるように練習するとよい。

① ひざかけあがり…足を振りあげ，体が鉄棒の下に戻ってきたら足を入れてひざを鉄棒にかけ，もう片方の足を下に振りおろす。足を使って**全身を大きく振る**ようにする。

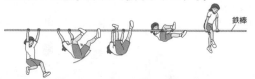

鉄棒

② けあがり…両足をそろえ，足首を鉄棒に近づけ，けった反動で上がる。振り戻ったとき，鉄棒を握り直すようにする。

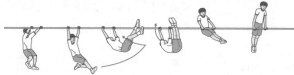

注意　前方支持回転
　回転のスピードがないと，鉄棒を上がってくる力が不足してうまくいかないことがある。

③ 前方支持回転…あごをあげ，背中をのばしたまま回転。起き上がるときは，鉄棒を下に押しながらひじをのばす。

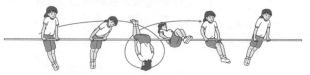

④ 後方支持回転…鉄棒が腹に着いたら回転し，手首を返しながら起き上がる。体を丸めるようにして後転する。
　補助する場合は，背中と大腿部のうらに手を添える。鉄棒から体が離れないようにする。

テストに出る 要点チェック☑

☐ 1. 足がマットに着く前に開脚し，上体を倒して手をマットに着き，尻を上げるようにして立つ技を何といいますか。

☐ 2. 1.のように前転し，開脚しないでひざをのばしてのび上がって立つ技を何といいますか。

☐ 3. 後転の勢いを利用し，倒立する技を何といいますか。

☐ 4. あごをあげ，背中をのばしたまま回転する鉄棒の技を何といいますか。

解答
1. 開脚前転
2. 伸しつ前転
3. 後転倒立
4. 前方支持回転

器 械 運 動 ②

16

月　　日

1 ▷ 平均台 ☆☆

参考 ツーステップ
　最初は，床やマットの上で，背すじと腰をのばして軽やかに走れるように練習する。

発展 平均台のポイント
　平均台の側面に触れながら，少し先を見るように前を見て進む。踏み出す足に体重を移動させながら進む。
　ポーズのときには，目線をやや上に向ける。

注意 片足ターン
　片足でターンするときには，あげる足を軸となる足につけるようにしてつま先ですばやくターンする。

① **ツーステップ**…最初はあまりジャンプせず，少しずつ大きくステップする。けった足でもう片方の足の裏を打つようにジャンプする。

② **両足ターン**…両手を上げてつま先で立って回転する。ターン中は両手を上げる。上体をまっすぐにのばして，一息でターンすると，ふらつきにくくなる。

③ **ポーズ**…以下のようなポーズがある。

①片足水平バランス　②片足Y字バランス　③V字バランス　④片膝立ち水平支持ポーズ

④ **体波動**…膝を中心に，体を大きく柔らかく動かす。

平均台は注意して取り組みましょう。

> ・ **コレ重要** ・
> ☞ 平均台では，足を平均台から離さないように，つま先立ちで歩く。背すじはのばし，胸を張る。

得点アップ UP

① 平均台の歩き方や，片足立ち，ターンのときのポイントを覚えよう。
② 跳び箱では，手を跳び箱から離したあとの大きな動きを確認しよう。
③ 跳び箱では，切り返し系・回転系それぞれの技の特徴をおさえよう。

保健体育

体育分野

②🚩跳び箱☆☆

注意 跳び箱の特徴

　足でジャンプするのと同じように，**手でジャンプする動きが入る**運動である。

　着地のときには，手を下ろしながらひざを軽く曲げてやわらかく着く。

① **水平開脚伸身跳び**…踏み切り後，前方に着手して，足を水平以上に振り上げる。肩が手の真上にくるまでに突き放し，足裏全体で着地する。突き放したらすぐに腰をのばすようにする。

② **かかえ込み跳び**…踏み切り後，体をかかえ込みながら，跳び箱を突き放すように跳ぶ。踏み切りが弱いと，跳び箱を跳び越せなくなるので，十分に踏み切る。

→踏み切ったあとは，足と尻を高く上げるようにする。

注意 台上前転

　前転するときに，頭頂部をつくと跳び箱の横に落ちたり，手前にずれ落ちたりする。

　この場合は，おへそをのぞき込んで**後頭部を着く**ように行う。

③ **台上前転**…踏み切り後，手と頭で体を支えながら，跳び箱の上で前転し，自然に着地する。

④ **側方倒立回転跳び**…勢いよく踏み切り，体を$\frac{1}{4}$ひねる。左手，右手の順に着手し，左手から右手へ体重を移動する。右手で強く押しはなし，横向きに着地する。

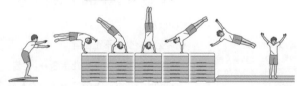

テストに出る 要点チェック ✓

☐ 1．両足ターンは両手を上げてどのように立って回転するか。
☐ 2．平均台で行うポーズを１つ答えましょう。
☐ 3．足を開いて，体をのばしながら跳ぶ跳び箱の技を何といいますか。
☐ 4．ひざを胸に引きつけて跳ぶ跳び箱の技を何といいますか。

解答
1．つま先で立つ
2．片足水平バランス，V字バランスなど
3．開脚伸身跳び
4．かかえ込み跳び

陸 上 競 技 ①

短距離走
☆☆☆

参考 クラウチングスタート

スタートのときには，上体を倒す**前傾姿勢**で行うと加速しやすい。

参考 中間疾走のポイント

ももを高く上げ，できるだけ**大きな歩幅**で走る。**腰**は高く保つようにする。

参考 ピッチとストライド

・**ピッチ**…1秒間に何歩進めるかというペース。
・**ストライド**…1歩の長さ。

発展 フライング

・「用意」のあとにすぐ用意の姿勢にならなかったとき。
・「位置について」のあと，他の走者を妨害したとき。
・「号砲（ドン）」がある前にスタートラインを越えたとき。

---

❶ 短距離走 →「位置について」→「用意」→「号砲（ドン）」でスタートとなる。

①スタートの仕方

短距離走では**クラウチングスタート**で走り始める。

「位置について」　「用意」　「号砲（ドン）」

②ゴールまでのスピードの変化

短距離走では，中間疾走で最高のスピードを出して，それを維持する。

①スタート　②1歩目→4歩目　③加速疾走　上体を起こしながらスピードをあげていく。　④中間疾走　最高のスピードを，保って走る。　⑤フィニッシュ

③フィニッシュ

トルソー部分（胴体部分）がゴールライン上に達したとき。

④ルール

・**フライング**（不正出発）

1回目フライングした走者→「**警告**」を受ける。

2回目のスタートでフライングした走者→ 1回目のスタートで警告を受けていなくても失格。
　　　↳国際大会では，1回目のフライングで失格になる。

・**セパレートレーン**…短距離走のように**セパレートレーン**の競技では，自分の決められたレーンを最後まで走らなくてはならない。

> ・コレ重要・
> ☞ **短距離走**リレーのスタートは**クラウチングスタート**。
> **長距離走**は**スタンディングスタート**。

② 長距離走・リレー ☆☆

保健体育

体育分野

① 長距離走 →「位置について」→「号砲（ドン）」でスタートとなる。

①スタートの仕方

長距離走では**スタンディングスタート**で走り始める。

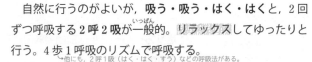

「位置について」 「号砲（ドン）」

②呼吸法
→走り方には，歩幅を広くとるストライド走法と，狭くとるピッチ走法がある。

自然に行うのがよいが，**吸う・吸う・はく・はく**と，2回ずつ呼吸する**2呼2吸**が一般的。**リラックス**してゆったりと行う。4歩1呼吸のリズムで呼吸する。
→他にも，2呼1吸（はく・はく・すう）などの呼吸法がある。

② リレー

①スタートの仕方…第1走者は**クラウチングスタート**，第2〜4走者は**スタンディングスタート**で，いずれも**バトン**を持ってスタートする。

②バトンパス…バトンパスは，**テークオーバーゾーン**（バトンパスを行う**30m**の区域）内で行う。

第2〜4走者は，前走者がマークを通過したらスタートできる。

③ルール

・バトンの受け渡し…**テークオーバーゾーン**の手前でバトンの受け渡しをしたり，**投げて渡したり**すると失格。
・オープンレーンの走り方…オープンレーンになる前に**他のレーン**を走ると失格。

参考 長距離走のスタート

短距離走とは異なり，**オープンレーン**であるため，スタートのときには他の走者と接触しないように安全に走り始める。

注意 長距離走の呼吸

呼吸が苦しくなってきたら，しっかり**息をはく**ようにする。それにより，無理なく空気が体内に入ってくる。

参考 バトンパス

リレーのときのバトンパスは，バトンを受けた手でそのまま次走者に渡しても，一方の手に持ち替えてから渡してもよい。

テストに出る 要点チェック ✓

- □ 1．短距離走のときのスタートの名前を何といいますか。
- □ 2．1回目にフライングした走者はどうなりますか。
- □ 3．短距離走の中間疾走では，体のどの部分を前傾させますか。
- □ 4．リレーでバトンの受け渡しを行う区間を何といいますか。
- □ 5．4．の距離は何mか答えましょう。

解答
1. クラウチングスタート
2. 警告を受ける。
3. 上体
4. テークオーバーゾーン
5. 30 m

18 陸上競技 ②

1 ハードル走・走り幅跳び☆☆☆

参考 **中学生のハードル走**

中学生のハードル走の正式コースでのハードルの高さと台数は，男子が91.4cm/10台，女子が76.2cm/10台である。

参考 **ハードル走のスタート・コース**

ハードル走は，**クラウチングスタート**で走り始める。コースは**セパレートコース**（レーン）で行う。

助走はリズミカルにそしてすばやく踏み込む。

① ハードル走

①**踏み切り方**…「走り越す」ような感覚でひざを高く引き上げて，足の裏全体で強く踏み切る。

※踏み切りはかかとから入り，同じ足で行う。

1歩　2歩　3歩

②**走り方**…ハードルは前傾姿勢で跳び，ぬき足は水平にする。

> **・コレ重要・**
> ☞ ハードル走は，インターバルを**3歩**で走る。同じ足で**踏み切る**。

② 走り幅跳び

①**助走から踏み切り**…助走は**リズミカル**に行い，踏み切る直前はすばやく踏み込む。踏み切りは，**かかと**から入って足の裏全体で踏み切る。

②**跳び方**

・**反り跳び**…空中動作のときに，胸を反らすように跳ぶ。

両腕を後ろに引く。
胸を反らせる。
肩を引きあげる。
足を後ろにたたむ。
足を前に放り出す。

・**はさみ跳び**…空中動作で，走るように足を交差させる。

腕を振りあげ上体をのばす。
ももを高くあげる。
ひざを引き寄せる。
空中をけるように。

発展 **走り幅跳びの記録の順位**

走り幅跳びは3回試技が行える。続けて3回失敗したり，踏み切り板を踏み越すと失格となる。

記録のよい選手から順に順位が決まり，同記録の場合は2番目の，それも同じ記録の場合は3番目の記録で決まる。

③**記録の計測**…踏み切り線に最も近い砂場の跡から，踏み切り線（踏み切り板の最も砂場に近い線）を直角に測る。

90度　計測距離
跳んだ距離

① ハードル走の走り方，踏み切り方をおさえよう。
② 走り幅跳びの跳び方の種類や順位の決め方を覚えよう。
③ 走り高跳びの跳び方の種類と踏み切りの違いを確認しよう。

保健体育

体育分野

② 走り高跳び ☆☆

注意 背面跳び

先生の指導の下で，安全に注意して行う。自分たちだけで行わないようにし，必ず安全マットを使用する。

参考 走り高跳びの無効試技とルール

バーを越える前に，バーの助走路側の垂直面やその延長面から先の地面や着地場所に，**体のどこかが触れたり**，**支柱に横を走り抜けたりする**，または，**両足で跳ぶと無効**となる。

参考 試技のパス

走り高跳びでは，同じ高さに 3 回試技できる。

ある高さで試技をパスし，次の高さに試技することができる。また，ある高さを 2 回失敗しても，パスをして，次の高さで試技を行える。

① 走り高跳び

①踏み切り

・はさみ跳び…踏み切り足で地面を力強くけり，**腕と肩**を引き上げ，足をしっかり振り上げるようにする。
　└踏み切りを両足で行うと反則となる。

・背面跳び…助走は**リズミカル**に行う。かかとから入って，やわらかく踏み込む。
　└スピードをあげすぎないようにする。

②跳び方

・はさみ跳び…バーから**遠い方**の足で踏み切る。大きなはさみ動作でバーを跳ぶ。

足を思いきり引きあげる。

安全マット

・背面跳び…上体をバーの反対側に傾ける。肩→背中→腰の順にバーを越すように跳ぶ。

安全マット

③記録の計測…バーの中央で，一番低いところの上辺から地面までを垂直に測る。**1 cm** 単位で測り，1 cm 未満は**切り捨てる**。

テストに出る 要点チェック ☑

☐ 1．ハードル走では，基本的に何歩で踏み切りますか。

☐ 2．ハードルとハードルの間を何といいますか。

☐ 3．走り幅跳びで，空中動作で胸を反らせるような跳び方を何といいますか。

☐ 4．走り高跳びで，大きなはさみ動作で跳ぶ跳び方を何といいますか。

☐ 5．走り高跳びの踏み切りは，両足か片足のどちらで行いますか。

解答

1．3歩
2．インターバル
3．反り跳び
4．はさみ跳び
5．片足

19　水　泳

1▶平泳ぎ，クロール☆☆☆

参考　各泳法のスタート
平泳ぎ，クロール，バタフライはスタート台からの飛び込みでスタートする。
背泳ぎだけは，プールの中からスタート台に向き，スターティングブロックに両手をかけ，スタートの合図で泳ぎ始める。
（～出発）で失格となる。
平泳ぎのスタートとターンのあとは，水面下で1かき1けりまで行うことができる。

1 平泳ぎ

① ② ③ ④ ⑤

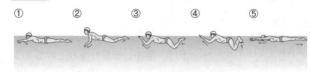

①特　徴…腕から先に動作を始める。長距離を泳ぐことができる，安定した泳ぎ方。
②足の動き…両足で水をはさみこむようなカエル足の動きで両足そろえてのばす。かかとを尻に引きつけるようにし，足首は返す。

2 クロール

① ② ③ ④

参考　ストリームライン
体全体を一直線にのばし，水の抵抗を少なくする姿勢。

①特　徴…（腕はＳ字を描くように動かす。）速く泳ぐことに適した泳法。競泳のときの自由形としてよく用いられる。ストリームラインを意識して泳ぐ。
②足の動き…足首の力を抜き，股関節から動かす。けり上げて，ひざを曲げずに行う。

3 背泳ぎ

① ② ③ ④

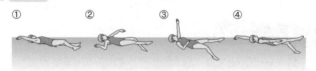

手の動き、足の動きと別々に練習してみましょう。

①特　徴…顔が常に水面に出た状態で，腕は小指から入水し，水をつかむようにして泳ぐ。肩はやわらかく回転させる。スタートは水中から行う。
②足の動き…足首をのばし，ひざをやわらかくして股関節から上下する。足の甲で水をとらえる。

② バタフライ，ターン，メドレー☆☆

① バタフライ

① ② ③ ④

①**特　徴**…1回手で水をかく間に，2回のドルフィンキックを行う。腕・呼吸・足のタイミングを調和させて，ストリームラインを維持する。

②**足の動き**…ドルフィンキックで泳ぐ。

② 各泳法のターン

①**クロール**…壁に近づいたら，ひじを曲げて**片手で壁に触れ**，体を丸めて壁をける。または，クイックターンを行う。

②**平泳ぎ・バタフライ**…壁に近づいたら，ひじを曲げて**両手で壁に触れる**。片方の手を引きながら，足を引きつけて足が壁につくと同時に体を回転させて壁をける。

③**背泳ぎ**…壁に近づいたら，体を**回転**させうつ伏せになる。体を丸め，あおむけになりながら壁をける（クイックターン）。または，うつ伏せにならない一般的なターンを行う。

③ メドレー

①**個人メドレー**…バタフライ→背泳ぎ→平泳ぎ→自由形

②**メドレーリレー**…背泳ぎ→平泳ぎ→バタフライ→自由形

・コレ重要・
☞ クロールは最速。バタフライはドルフィンキック。平泳ぎは安定的な泳法で，手と足を同時に動かす。

参考　バタフライのルール
バタフライのスタートとターンのあとは，**壁から15mまでは体が完全に水没してもよい**。

発展　バタフライのキック
大きく進むための第1キックと小さく鋭くける第2キックからなり，これを交互につなげて泳ぐ。

参考　クロールのクイックターン
壁に近づいたら回転する。→体をひねる。→壁をける。

参考　メドレーの規定
自由形の泳者が背泳ぎ，平泳ぎ，バタフライで泳ぐと失格となる。

テストに出る 要点チェック ✓

☐ 1．両足で水をはさむようなカエル足で泳ぐ泳法を何といいますか。

☐ 2．一般に自由形として知られる泳法を何といいますか。

☐ 3．あおむけの姿勢で泳ぐ泳法を何といいますか。

☐ 4．背泳ぎで行うターンの名前は何といいますか。

☐ 5．メドレーリレーで，3番目に泳ぐ泳法は何ですか。

解答
1．平泳ぎ
2．クロール
3．背泳ぎ
4．クイックターン
5．バタフライ

保健体育

体育分野

20 ゴール型球技 ① バスケットボール

1 コート，技術☆☆☆

① コート

参考 チーム

1チームのプレイヤーは5人。中学生では各8分間のピリオドを第4ピリオドまで行う。

参考 ドリブル

ボールを保持して長い距離を進みたいときには**ドリブル**でボールを運ぶ。ドリブルは，**直線・曲線**いずれも行えるように練習する。**片手**で行う。

参考 オーバーヘッドパス

頭上を越える高さを活かし，ディフェンスの頭ごしにパスを送るときなどに向いている。

参考 リバウンディング

シュートのこぼれ球を**リバウンド**といい，それをジャンプしてキャッチすること。

ドリブル、パスの**練習は重要だ**。

① コート

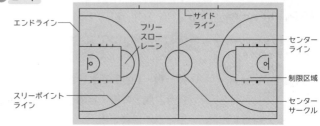

エンドライン
フリースローレーン
サイドライン
センターライン
制限区域
スリーポイントライン
センターサークル

② 技 術

①パス

・チェストパス…わきをしめ，まっすぐ相手の胸のあたりに届くように両手でボールを押し出す。
→腕と手首を内側にひねる。

・オーバーヘッドパス…ボールを両手で頭上に構え，スナップでコントロールする。

・バウンスパス…視線はまっすぐ上に向けたまま，下方向にバウンドさせて投げる。
→パスコースをさとられないため

②シュート

・ジャンプシュート…両足をそろえてジャンプし，最高点に達する手前でシュートする。

・ランニングシュート（レイアップ）…走りながらジャンプし，片手でシュートする。成功率が高い。

③ターン →片足を軸にして向きを変えること。

・ピボットターン…軸足のひざを曲げ，体重をのせてもう片方の足でステップして体の向きを変える。

◆チェストパス

◆オーバーヘッドパス

◆ジャンプシュート

◆ランニングシュート

① パス，シュート，ターンなどの技術を覚えよう。
② バスケットボールの攻撃，防御の方法を整理しよう。
③ ルールや反則を整理し，ファウルはその後の処置まで確認しよう。

② 戦術，ルール・反則☆☆

参考 ポストプレイ
ゴール下に背の高いプレイヤーを配置し，そこを起点に攻める攻撃方法。

参考 得点
スリーポイントエリアからのゴールには3点，**フリースロー**の場合は1点得点する。

参考 ファウル
ブロッキングなどの身体接触による個人のファウルの他，相手チームにいやがらせをするなどの態度や進行を遅らせるような行為によるファウルを**テクニカルファウル**という。

参考 フリースロー
相手チームの**ファウル**などに与えられるシュートのチャンスのこと。5秒以内にシュートを打つ。

① 攻防

① カットインプレイ…ゴール下に素早く走りこみ，パスを受けてシュートする。

② マンツーマンディフェンス…プレイヤー一人につき，決められた相手を守る防御方法。

③ スクリーンプレイ…味方の一人を壁のように見立てて，相手の防御者を抑える。1ゴールで2点の得点となる。

② 審判の合図の例

ファウル	プッシング	相手を手や体で押す。	
	ブロッキング	相手の進行を体で妨害する。	
	チャージング	相手に突き当たる。	
バイオレーション	トラベリング	ボールを持ったまま，ドリブルをせずに3歩以上歩く。	
	3秒ルール違反	攻撃側のチームのプレイヤーが，相手チームの制限区域内に3秒以上とどまる	
	イリーガルドリブル（ダブルドリブル）	ドリブルを終えたあと，再びドリブルをすること。	

→バイオレーションの場合は，最も近いラインから相手チームのスローインで再開する。

テストに出る 要点チェック ☑

☐ 1. 両手首のスナップをきかせ，胸からまっすぐ前に出すパスを何といいますか。

☐ 2. 軸足を固定し，もう片方の足で体の方向を変えるターンの名前を答えましょう。

☐ 3. 各プレイヤーが決められた相手を守る隊形を何といいますか。

☐ 4. ボールを持って3歩以上歩いた場合の再開方法は，スローインかフリースローのどちらですか。

解答
1. チェストパス
2. ピボットターン
3. マンツーマンディフェンス
4. （相手側の）スローイン

ゴール型球技 ②　ハンドボール

⒈コート, 技術☆☆

発展 ゴールエリア
　コートプレイヤーは**ゴールエリア内に入ることはできない**が, 相手に不利益にならない場合, 罰則などはない。ゴールキーパーは, **ゴールエリア内**であればボールを持って何歩歩いてもよい。

参考 ジャンプシュート
　空中でバランスをとるためには, まず静止の状態で2ステップで行い, 次に軽く助走をつけてみる。
　シュートには, ディフェンスのわずかなすき間を割って入って打つ**飛び込みシュート**, ボールをふわりと浮かせたように打つ**ループシュート**などの種類がある。

① コート

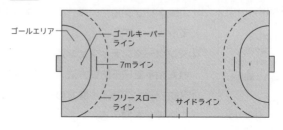

ゴールエリア／ゴールキーパーライン／7mライン／フリースローライン／サイドライン

② 技　術

①パス, ドリブル, シュート

・**ショルダーパス**…上体と腕を使い, 人さし指・中指・薬指の3本で**スナップ**をきかせて投げる。

◆ショルダーパス

・**アンダーハンドパス**…パスが出しにくい場合などに, 下から**スナップ**をきかせて投げる。

◆アンダーハンドパス

・**ワンドリブル**…ボールを持って3歩動いたあと, ドリブルをしてまた3歩進む方法。

◆ジャンプシュート

・**ジャンプシュート**…助走を活かして強く踏み切ってジャンプし, ボールを高く持ち, 後ろに引き上げ, 投げ込む。

・**ステップシュート**…ジャンプをせず, ステップをして, 地面にしっかり足をつけたまま, 体全体を使って打つ。
→安定して打てるので, 速くて方向もコントロールしやすい。

◆ステップシュート

②**防　御**

・**1対1**…マークする相手プレイヤーと味方プレイヤーを結ぶ線上に位置をとり, **両手を開いてあげ**, 相手に正面から向き合うようにして守る防御方法。

① パス，シュート，ドリブルなどの技術を覚えよう。
② ハンドボールの防御や集団技能を整理しよう。
③ ルールや反則とその後の再開方法などを確認しよう。

２ 戦術，ルール・反則☆☆

注意 スローオフとスローイン
ゲームのはじめや，シュートが決まったときに相手チームに与えられるのが**スローオフ**。ボールが**コート外に出た**ときに相手チームに与えられるのが**スローイン**である。

参考 ７ｍスロー
直接ゴールにシュートする。ディフェンス側のプレイヤーが味方のためにゴールエリアに入った場合も，７ｍスローになる。

❶ 戦 術

① **チェンジプレイ**…相手のクロス攻撃に対して，マークする相手を交換して防御する。
② **速 攻**…防御から転じ，一気に相手コートに攻める攻撃方法。
③ **セットオフェンス**…遅攻のこと。相手の防御者が守っているとき，パスを回して攻撃を組み立てる攻撃方法。

❷ ルール →中学生は 25 分ハーフで，10 分間のハーフタイムをはさむ。

① ６人のコートプレイヤーと１人のゴールキーパー。
② ボールがクロスバーの下でゴールポストの間のゴールラインを完全に通過したとき，**１点**の得点。
③ 反 則

A．相手チームの**フリースロー**でゲームを再開する場合。
・**オーバーステップ**…ボールを持って３歩を超えて動いた。
・**オーバータイム**…３秒を超えてボールを持った。
・**チャージング**…相手に体で突き当たる。
・**プッシング**…相手を手や腕で押す。

B．相手チームの**７ｍスロー**でゲームを再開する場合。
・相手の明らかな**得点のチャンス**を妨害した。

C．相手チームの**ゴールキーパースロー**でゲームを再開する場合。
・ゴールキーパーが最後に触れたボールが，**アウターゴールライン**から外に出た。

テストに出る 要点チェック ☑

☐ 1．パスが出しにくい場合などに，下からスナップをきかせて投げるパスを何といいますか。

☐ 2．強く踏み切ってジャンプし，ボールを高く持ち，スナップをきかせて打つシュートを何といいますか。

☐ 3．防御から転じ，一気に相手コートに攻める攻撃方法を何といいますか。

☐ 4．チャージングをした場合の再開方法を答えましょう。

解答
1．アンダーハンドパス
2．ジャンプシュート
3．速攻
4．(相手側の) フリースロー

22 ゴール型球技 ③　サッカー

▷ コート，技術☆☆☆

参考 サッカーの開始
　センターマークに置かれたボールを動かす**キックオフ**で始まる。

参考 アディショナルタイム（ロスタイム）
　試合中の空費された時間が前後半にそれぞれ追加される。

参考 得点
　ボールがゴールポストの間とクロスバーの下で，**ゴールライン**を完全にこえたときに得点となる。誤って，自陣ゴールにボールを入れたとき（オウンゴール）には，**相手側の得点**となる。

発展 トラッピング
　手や腕以外の部分を使って，飛んでくるボールの勢いを止めてコントロールする技能。

① コート

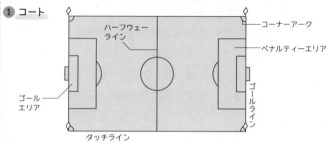

ハーフウェーライン／コーナーアーク／ペナルティーエリア／ゴールエリア／ゴールライン／タッチライン

② 技　術

①**インサイドキック**…短い距離に
　→軸足はボールの横に置き，足首は固定する。
　正確な**パス**ができる。足首は固定し，ボールを押し出すようにける。

②**インステップキック**…シュートや長い距離のパスの場合に使う。**足の甲の真ん中**をボールに当て，足先をのばして強くける。

③**インフロントキック**…センタリングや長い距離のパスに適する。軸足のひざを軽く曲げて体を支え，親指のつけ根でボールの中心より下をとらえ，すくいあげるようにける。

④**アウトサイドキック**…短い距離に素早いパスができる。ひざから下で小さくける

⑤**ボレーキック**…宙に浮いたボールを直接キックする。

⑥**ヘディング**…空中のボールを額に当ててパスしたり，シュートしたりする。→首を固定し，体を反らした反動で当てる。

━ **コレ重要** ━
☞ 近＋確実なパス → インサイドキック，近＋素早いパス → アウトサイドキック，
遠＋強いシュート → インステップキック，センタリング → インフロントキック

① サッカーの多彩なキック，シュートなどの技術を覚えよう。
② 直接フリーキック，間接フリーキックとなる反則を整理しよう。
③ サッカーの戦術を確認しよう。

保健体育

体育分野

②戦術，ルール・反則☆☆

発展 オフサイド
相手チームのゴールキーパー以外の最も後ろで守っている人よりも，**相手チームのゴール側の位置で**パスをもらうこと。違反した場合，相手チームの**間接フリーキック**となる。

参考 審判の合図
コーナーキック

ゴールキック

① 戦　術

①**スルーパス**…守備者の間をぬき，ボールを届けるパス。

②**クロスオーバー**…後方からまわりこんで走り，ゴール近くでパスを受けてシュートを目指す攻撃の仕方。

③**マンツーマンディフェンス**…各守備者がマークする人を決めてボールを奪う守備。

② ルール

①1チーム 11 名のプレイヤーで構成する。
└ 1名はゴールキーパー。

②主審の笛で，センタースポットから相手コートにけり入れる**キックオフ**で試合開始。
└ 両チームのプレイヤーはボールがけられるまで自分のコートにいなくてはならない。

③場外にボールが出た場合，**スローイン**で試合再開。ボールが守備側のプレイヤーに最後に触れ，ゴールラインを越えて外に出た場合は，**コーナーキック**で試合再開。

④**反　則**

　A．相手チームに**直接フリーキック**が与えられる場合。

　　・相手をける，けろうとする。
　　・相手をつまづかせる。
　　・ボールを手や腕で扱う。
　　・手または腕を使って相手を押さえる。
　　・不当にチャージする。

◆直接フリーキック

審判の合図

　B．相手チームに**間接フリーキック**が与えられる場合。

　　　　危険な方法でプレイしたときや相手の**前進を妨げた**ときや，**ゴールキーパー**による反則。

テストに出る 要点チェック ✓

□ 1．短い距離に正確なパスで，ボールを押し出すようにけるキックを何といいますか。

□ 2．センタリングや長い距離のパスに適するキックを何といいますか。

□ 3．相手を手で押さえる反則をした場合の再開方法を答えましょう。

解答
1．インサイドキック
2．インフロントキック
3．（相手側の）直接フリーキック

23 ネット型球技 ① バレーボール

①コート，技術☆☆☆

参考 バレーボールのネットの高さ
中学生男子は 2.30 m，女子は 2.15 m である。

パスは，手で持ってしまうと反則になるよ。

参考 スパイク
アタックともいう。ジャンプの最高点で打つのがポイントとなる。

参考 いろいろなサービス
フローターサービスの他にも，**ジャンプサービス**（助走をつけてジャンプして打つ。最も強力なサービス），**ドライブサービス**（スピードと回転のあるサービス）などがある。

① コート

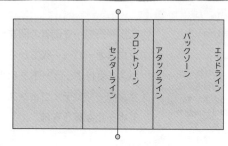

センターライン／フロントゾーン／アタックライン／バックゾーン／エンドライン

② 技　術

①オーバーハンドパス

腰より高い位置のボールの処理に適する。両手を開いた状態で額の前で**三角形**をつくり，その間からボールをのぞくように構え，ボールを包むようにとらえる。手首の**スナップ**をきかせる。
→ひざのばねを使ってボールを送り出す。

①

②アンダーハンドパス

腰より低い位置のボールの処理に適する。ボールの落下点に移動し，**手首とひじ**をのばして両腕を平らにし，**ひざ**のばねを使いボールを送り出す。

②

③スパイク

③

ジャンプして相手コートにボールを打ち込む**攻撃**。かかとから踏み切り，足をけりあげて上体を反らす。**ひじ**を高くあげ，手のひら全体で**スナップ**をきかせてボールを打ち，腕を振り下ろす。
→両腕のバックスイングで体全体を引き上げるイメージでジャンプする。

④**フローターサービス**…腕をのばしてボールを額の前の高い位置に構え，トスをあげる。**ひじ**と**肩**を引き，ボールに体重を乗せるようにして手のひらで打つ。
→味方の攻撃を目的に，アタッカーに送られるボールのこと。

① バレーボールのパス・サービスなどの技術を覚えよう。
② 反則とその後の試合再開方法を整理しよう。
③ サービスやスパイクの打ち方を確認しよう。

② 戦術，ルール・反則☆☆

参考 得点
　各セットでは，2点以上の差をつけて先に25点をとったチームが勝ちとなる。

発展 リベロプレイヤー
　守備専門のプレイヤーのことで，2人まで登録できる。サービスやブロックを行うことはできない。他のプレイヤーと違う色のユニフォームを着なければならない。

参考 審判の合図
ダブルコンタクト

オーバーネット

① 技術・戦術

①**ブロック**…ネット際（ぎわ）でジャンプし，スパイクを両手で防ぐ技術。

→指を開いて，指先に力を入れる。
スパイクを止める以外にも，そのスパイクの**威力**（いりょく）を弱くしたり，**コースを変えて**味方が受けやすいボールにするなどの効果がある。

②**プッシュ（フェイント）**…強打と見せかけて，**指先**でボールをつくようにして相手コートに落とす技術。

③**オープン攻撃**…ネットの左右両サイドに高い**トス**をあげて攻撃する方法。

② ルール

そのうち1名をキャプテンとして，交代は6人以内とする。
①1チームは**6名**のプレーヤーで構成する。

②2点以上の差をつけて，**25点**を先取（せんしゅ）したチームが1セットを得る。

③**反　則**…以下の場合，相手チームに**1点**が与えられる。
　・**フォールト**…サービスの失敗。
　・**フットフォールト**…サービスを打つときに，**サービスライン**を踏（ふ）み越（こ）す。
　・**ダブルコンタクト**…同じプレイヤーが**連続**して2回ボールに触（ふ）れる。
　・**オーバーネット**…相手コート上にあるボールを，ネットを越えてアタックする。

テストに出る 要点チェック ☑

☐ 1．腰（こし）より高いボールの処理に適したパスは何ですか。

☐ 2．助走をつけてジャンプし，相手コートにボールを打ち込（こ）む攻撃（こうげき）技術を何といいますか。

☐ 3．ネット際でジャンプして，相手からの 2．を抑（おさ）える技術を何といいますか。

☐ 4．サービスに失敗した場合，何という反則となり，相手チームには何点の得点となりますか。

解答
1．オーバーハンドパス
2．スパイク
3．ブロック
4．フォールト・1点

保健体育
体育分野

ネット型球技 ② 卓 球

1 コート, 技術☆☆☆

参考 フォアハンドサービスとバックハンドサービス

右利きの場合, **右**から打つサービスがフォアハンドサービス, **左**から打つのがバックハンドサービスである。

参考 卓球の構え

上半身は軽く前かがみに, ひざは軽く曲げる。ラケットは台の高さよりも高い位置に構える。

発展 サービスのときの反則

サービスの位置がテーブルの**上面より下**だったり, **ボールをかくして**構えたり, **エンドラインよりも前**で打つと, いずれも反則となる。

1 コート

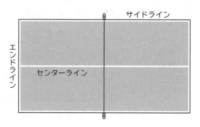

サイドライン

エンドライン

センターライン

2 技 術 ①

①**グリップ**
　→ラケットの握り方。

・**シェークハンド**…親指と人差し指のつけ根で握る。

・**ペンホルダー**…ペンを握るように持ち, 中指から小指までをそろえる。

◆シェークハンド
フォア　バック

◆ペンホルダー
フォア　バック

②**サービス**…**フォアハンド**と**バックハンド**がある。

　→サービスはオープンハンドでボールを **16 cm 以上**あげ, 落ちてきたところを打つ。
　　→直前のラリーの勝敗に関係なく行う。

・**下回転サービス**…ボールの斜め後ろをこするようにラケットを動かして, **下回転**を与える打法。

斜め下方へスイング

下回転

③**ブロック**…ラケットをあまり動かさず, 相手の攻撃を返球する守備的打法。

コレ重要

☞ サービスは, 台より高い位置から, 垂直に投げ上げ（16cm 以上）, 落下し始めてから打たなくてはならない。

保健体育

体育分野

② 技術, ルール・反則☆☆

1 技 術 ②

①**ドライブ**…トップスピンの回転をかけて打ち返した打球をこすりあげるように打つ。

②**スマッシュ**…ボールの回転を抑え, スピードのあるボールを重視した打法。腰を大きくひねり, 足を大きく踏み込んで打つ。

ななめ上へスイング

上回転

2 ルール

①競技には, 1人で行う**シングルス**と2人がペアになって行う**ダブルス**がある。
　↳ダブルスでは, ラリー中は選手は交互に打たなければならない。

②中学生の場合, 1試合は5ゲーム。3ゲーム先取した方が勝ちとなる。

③1ゲームは, 11点を先取した方が勝ちとなるが, 10点対10点となった場合は**デュース**となり, 先に2点リードした方が勝ちとなる。

④**反　則**…以下の場合, 相手の得点となる。

- フリーハンドがテーブルに触れる。
- ダブルスで打球順を誤る。
- ネットにさわる。
- テーブルを動かす。
- リターンの失敗。
- ボールを2回続けて打つ。

発展 促進ルール

消極的なプレイにより, 試合が長引くのを防ぐためのルール。

1ゲームが**10分**を過ぎても終了せず, 得点が**9対9**に達しないときに, 主審が宣告する（以後は促進ルールの下で行われる）。

注意 レット（ノーカウント）

サービスの場合の**ネットイン**はレットとなり, **何度でもやり直すことができる**。

審判が宣告しないうちにサービスを行ったり, レシーバーが構えないうちにサービスを行ったりした場合もレットとなる。

参考 ボール

使用するボールは, プラスチックかセルロイド製の, 白で無光沢のもの。

テストに出る 要点チェック ✓

☐ 1. 2人がペアになって行う卓球のゲームを何といいますか。
☐ 2. 1ゲームは何点先取すると勝ちとなりますか。
☐ 3. 打球に上回転を与える打法を何といいますか。
☐ 4. ボールの回転を抑え, スピードのあるボールを打つ打法を何といいますか。
☐ 5. 1ゲームが10分を過ぎても終了せず, 得点が9対9に達しないときに宣告されるルールを何といいますか。

解答
1. ダブルス
2. 11点
3. ドライブ
4. スマッシュ
5. 促進ルール

ネット型球技 ③　ソフトテニス

1 コート，技術☆☆☆

参考 構え

上体は軽く前傾させ，どの方向にボールが来てもすばやく動けるような姿勢で構える。ひざは軽く曲げ，足は肩幅くらいに開く。

1 コート

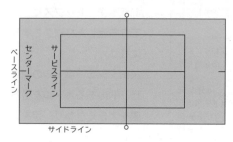

2 技　術

①グリップ

・**ウエスタングリップ**…ラケットを地面にそのまま置き，普通に握った形の握り方。

・**イースタングリップ**…ラケット面を縦にした状態で握る握り方。

ウエスタングリップ　イースタングリップ

発展 ロビング

ネット付近にいる相手に**山なり**のボールを打ち，相手の陣形をくずしたり，味方の陣形を整えることができる。相手の頭上を越すようなイメージでボールを打つ。

②打ち方

・**グラウンドストローク**（アンダーストローク）…**一度コート**でバウンドしたボールを速く低く打ち返す打法。

→ウエスタングリップで握り，スナップをきかせて打つ。

・**ボレー**…ノーバウンドのボールを直接打ち返す打法。

→ラケットを止める感じで打つ。

③**プッシュサービス**…ラケットの面を打つ方向に向け，トスを上げて斜め上に押し出す打法。

ルールを守ってソフトテニスを楽しもう。

各打法の特徴, ルール・反則☆☆

① 各打法の特徴

①**ロビング**…高く緩やかな半円を描くように打ち上げる打球。

②**シュート**…コート面を平行に，ネット近くを直線的に速く鋭くとぶ打球。

③**スマッシュ**…ボールを上から**強く打ち込む決定的打球**。
↳ひじをのばし，高い打点で打つ。

④**中ロビング**…シュートとロビングの中間をとぶ打球。

①ロビング
④中ロビング
③スマッシュ
②シュート
ネット

② ルール

①**1ゲームは4点を先取した方が勝ち**となる。3対3となった場合は**デュース**となり，その後は先に2点をとったほうが勝ちとなる。最終ゲームでは7点を先取したほうが勝ち。

②ゲームは**サービス**から始め，1点ごとにサービスする位置を変える。サービスは，**対角線上の相手のサービスコート**に入れるように打つ。

③**反　則**…以下の場合，相手が1点得点する。

・**サービスを2回失敗する。**

・**ボールが体に触れる。**

・**相手のプレイを妨害する。**

・**2回バウンドする前にボールを返球できない。**

参考　サービスの規定

サービスは，2回行うことができる。第1サービスが失敗した場合は，第2サービスを行うことができる。

サービスのとき，**ベースライン**を踏むと**フォールト**となる。

参考　失ポイントとなる反則

ボールがラケット上で静止したり（**キャリー**），ボールが2度以上ラケットに触れたりした（**ドリブル**）場合，1点を失う。

テストに出る 要点チェック ✔

☐ 1．何点先取すると1ゲームを得ることができますか。

☐ 2．ラリーに勝った場合，何点を得ることができますか。

☐ 3．ラケット面を縦にした状態で握るグリップを何といいますか。

☐ 4．ノーバウンドでボールを直接打ち返す打法は何ですか。

☐ 5．鋭いボールを打ち返す攻撃的な打法は何ですか。

解答

1．4点

2．1点

3．イースタングリップ

4．ボレー

5．スマッシュ

26 ネット型球技 ④　バドミントン

1 コート，技術☆☆☆

参考　バドミントンの構え
　肩・ひざの力を抜き，どの方向へもすばやく動ける体勢で構える。

参考　ラケットの持ち方
　手首を立ててラケットの面が床に対して垂直になるような持ち方を**イースタングリップ**という。これに対し，ラケットの面が床に対して平行になるような持ち方を**ウエスタングリップ**という。

参考　オーバーヘッドストローク
　右足を後方に引いて，ラケットを振りあげ（テイクバック），手首の回転をきかせて，肩のすぐ上のできるだけ高いところで打ち（インパクト），力を抜いて振りおろす（フォロースルー）。

1 コート

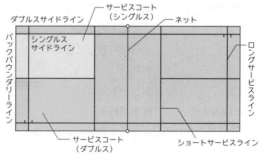

ダブルスサイドライン
サービスコート（シングルス）
ネット
シングルスサイドライン
バックバウンダリーライン
ロングサービスライン
サービスコート（ダブルス）
ショートサービスライン

2 技　術

①**アンダーハンドストローク（フォアハンド）**…腰よりも低い位置のシャトルを**上向き**に打つ打法。

②**オーバーヘッドストローク**
　高い位置のシャトルを打ち返す打法。手首の回転をきかせ，できるだけ高いところで打つ。

③**ロングハイサービス**…高くシャトルを打ち上げ，**バックバウンダリーラインぎりぎり**に入れるサービス。

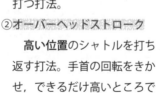

④**スマッシュ**…できるだけ高い位置でシャトルをとらえ，**急角度**で強く打つ打法。

⑤**プッシュ**…高い位置からシャトルを**コートに突きさす**ように打つ打法。
＊ウエスタングリップで打つ。

① バドミントンの各打法と使い方を覚えよう。
② サービスのフォルトを整理しよう。
③ プレイ中に起こしやすい反則を確認しよう。

② 戦術，ルール・反則☆☆

① 戦術（ダブルスの場合）

①**トップアンドバック**…攻撃がしやすく，2人の技能の差を補いやすい。守備には弱い。後衛が攻められやすい。

②**サイドバイサイド**…守備に強い型。打つ範囲がわかりやすいが，弱い方が攻撃を受けやすい。

③**ローテーション（インアンドアウト）**…状況に応じてポジションを入れかえる。パートナーとの連携がとれていないと混乱しやすい。

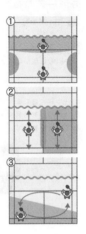

② ルール

①ゲームは**サービス**から始め，**対角線上**の相手の**サービスコート**に入れるように打つ。

②サーバー側，レシーバー側に関わらず，ラリーに勝ったときに**1点**を得る。**レシーバー**側が勝ったときは，**サービス権**がレシーバー側に移る。→1試合は3ゲームで，2ゲームを先取した方が勝ち。

③**反　則**…以下の場合，相手が**1点得点**する。
・シャトルがプレイヤーの**体**に触れる。
・**相手側エンド**にあるシャトルを打つ。
・**ラケットや体**が**ネット**に触れる。

参考 サービスのフォルト
　サービスは，**ウエスト**より高い位置で打ったり（アバブ・ザ・ウエスト），**片足が床から離れた状態**で打ったり（フットフォルト），**サービスを失敗する**とフォルトとなり，相手側に**1点**が入る。

参考 得　点
　21点を先取した側が勝ちとなる。**20点対20点**の場合には，その後最初に**2点**リードした側が勝つ。

テストに出る 要点チェック ✓

☐ 1. サービスは，相手コートのどこに入れますか。
☐ 2. ラリーに勝った場合，何点を得ますか。
☐ 3. 腰よりも低い位置のシャトルを上向きに打つ打法を何といいますか。
☐ 4. ネットより上のシャトルを手のひらで押し出すように打つ打法を何といいますか。

解答
1. 対角線側のサービスコート
2. 1点
3. アンダーハンドストローク
4. プッシュ

27 ベースボール型球技　ソフトボール

コート，技術☆☆☆

参考　スナップ
手首のしなりのこと。

ボールも大きく安全性が高いため，老若男女を問わずに楽しめます。

参考　ピッチャーのルール
　ピッチャーは，**両足が**プレートに触れるように立たなくてはならない。2**秒以上5秒以内静止**後，投球動作に移る。
　腕の回転は1回，ステップは前方に1回だけに限られ許されている。

参考　キャッチングとバッティング
・キャッチング…捕球。ボールの方向と飛距離を見て，ボールを捕球する。
・バッティング…打撃。体の軸を安定させて，ボールのコースやスピードにタイミングを合わせて振り抜く。

① コート

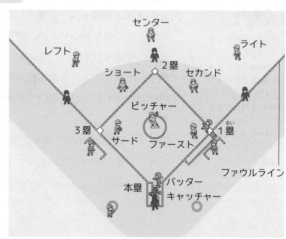

② 技　術

①ピッチャー

・スリングショットモーション…腕を後方に振り上げ，反動でボールを持った腕を前に振り出す投法。

胸を張る。

・ウインドミルモーション…腕を大きく1回転させ，スナップをきかせて投げる投法。
　<small>スリングショットモーションよりもスピードのあるボールを投げやすい。</small>

②内野手・外野手

・送球…相手を見ながら，投げるほうの腕を後ろに引く。右手で投げる場合，投げたい方向に左足を踏み出し，手首のスナップをきかせる。

得点アップ↑P

① ソフトボールのポジションの名称を覚えよう。
② バッター・ランナーがアウトになる場合を整理しよう。
③ スクイズ，バントなどの用語を確認しよう。

保健体育

体育分野

② 戦術，ルール・反則☆☆

① 戦 術

①**スクイズプレイ**…ランナーが3塁にいて，**バント**で点をとる戦法。バッターは確実にフェアグランドにボールを転がす。

②**犠牲バント**…ランナーを確実に進塁させるために，バッターは自分だけがアウトになるようにバントする戦法。

③**ヒットエンドラン**…1塁ランナーはピッチャーが投げた瞬間に2塁に向かって走り，バッターはランナーの後ろをねらってゴロを打つ戦法。

④**ダブルプレイ**…守備の連携で，2人同時にアウトにする戦法。

② ルール

①1チームのプレイヤーは9人。

②ゲームは，球審がプレイボールと告げて始まる。

③バッターが投球を打って1塁に進み，2塁，3塁をまわり，第3アウトになる前に**本塁**に帰ると1得点となる。

④**バッターがアウトになる場合**…3ストライクのボールを，キャッチャーが地面に着く前にキャッチしたとき，第2ストライクのあとのバントが**ファウルボール**になったとき，フライの打球が野手に直接キャッチされたときなど。

⑤**反則**　→走塁妨害されたときは，1つ進塁が与えられる。

・バッターの足が本塁に触れる。→バッターは**アウト**になる。
・ランナーが走路外を走る。→ランナーは**アウト**になる。

参考 ランナーがアウトになる場合
ランナーが1塁につく前に，ボールタッチされるか，ボールを持った野手が1塁にふれた場合，ランナーはアウトになる。離塁中，ボールタッチされた場合などもランナーはアウトになる。

参考 勝 敗
7回終了の時点で多く得点したチームが勝ち。同点のときはタイブレーカー式（無死，2塁走者）で延長戦を行う。

発展 走塁妨害
野手がランナーの走塁を妨害した場合，1個の安全進塁権が与えられる。

テストに出る **要点チェック** ☑

☐ 1. 腕を大きく1回転させ，スナップをきかせて投げる投法を何といいますか。

☐ 2. 1塁ランナーはピッチャーが投げた瞬間に2塁に向かって走り，バッターは走者の後ろをねらって打つ戦法を何といいますか。

☐ 3. 2ストライクの後のバントがファウルボールになった場合，バッターはどうなりますか。

解答
1. ウインドミルモーション
2. ヒットエンドラン
3. アウト

27. ベースボール型球技 ソフトボール　**125**

28 武　道 ① 柔 道

参考 対戦相手に対する敬意
柔道では，勝敗だけではなく，礼法や対戦相手を尊重したり，敬意をはらう態度を養うことができる。

参考 柔道の「自然(本)体」
柔道の基本姿勢を**自然(本)体**という。両足を**肩幅と同じくらいに開き，重心を両足に均等にかけて立った自然な形。**

参考 前回り受け身
その他の受け身に，**右手首，ひじ，肩，背中，尻，足の順に畳につくように前回りをし，左腕で畳を打つ前回り受け身がある。**

① **柔道の歴史，基本動作…**旧来の柔術を改良，1882 年に**嘉納治五郎**が創設。

① 柔道着を着て，相手と組み合い**投げ技**や固め技で攻防する格闘形式のスポーツ。

② **礼…**相手の人格を尊重し，相手に敬意を表する形である。

・**座　礼**…両手を内もものあたりに置き両手をハの字にし，畳につく。

・**立　礼**…気をつけの姿勢から背筋をのばしたまま手を前にし，**一呼吸の間に行う。**
→座るときは左足からひざをつき，立つときは右足からひざを立てる。

◆柔道着のたたみ方

上着の上に二つ折りにした下ばきを置く。　袖をたたむ。
上着を横に折り返す。　これをさらに縦に小さくまとめる。　縦に小さくまとめたら帯で結ぶ。

・座礼　相手をよく見る。　背筋をのばし，腰があがらないようにする。
・立礼　約30°

② **技術（受け身，くずし，体さばき）**

① **受け身…**投げられたときの衝撃を**和らげ，**けがを防ぎ，**安全に倒れる方法。**

・**後ろ受け身…尻**をかかとに近づけるようにおろし，あごを引いて，畳をはじくようにたたく。

・**横受け身…**立った姿勢から片腕をのばし，その方向へ体を倒しながら，腕全体で畳を打つ。

② **くずし…**投げ技に入る前に，相手の重心を不安定な形にして技がかかりやすくすること。**8 つの方向がある。**
→八方のくずしという。

③ **体さばき…**相手をくずしたり，技をかけたりするために，**体の位置や向きを変える足の動き。**

 ◁ コレ重要 ▷

☞ **柔道の基本姿勢は**自然体。**技に入る前に，相手を不安定な姿勢にすることをくずしといい，8 つの方向がある。**

① 柔道の基本動作を覚えよう。
② 投げ技，固め技などを整理しよう。
③ 一本，技ありなどの判定基準を確認しよう。

②技術，ルール☆☆

参考 柔道の禁止事項
　頭から畳に突っ込むように，内股，背負い投げなどの技をかける。→反則負け

　試合中，**故意に場外へ出る**，かわず掛けで投げる。→警告または反則負け

参考 指導と反則負け
　軽い違反行為は「指導」となる。4回目の指導は反則負けとなる。

参考 固め技一本
　相手が「**まいった**」と言うか，**手か足で2回以上合図したとき**も一本になる。

① 技術（投げ技，固め技）

①投げ技

大腰

大外刈り

背負い投げ

②固め技

本けさ固め　　　　　　**横四方固め**

② ルール

	投げ技	固め技
一本	相手を制しながら，背中が畳に着くように，相当な強さと速さで投げたとき。	「抑え込み」の宣告から20秒間相手を抑え込んだとき。2回目の「技あり」を取ったとき（合わせて一本）。
技あり	「一本」に必要な4つの基準のうち，どれか1つでも部分的に不足しているとき。	「抑え込み」の宣告から，10秒間相手を抑え込んだとき。

テストに出る 要点チェック✓

☐ 1. 尻をかかとに近づけるようにおろし，あごを引いて，畳をはじくようにたたく受け身の仕方を何といいますか。

☐ 2.「くずし」をする目的は何ですか。

☐ 3. 柔道における基本姿勢を何といいますか。

☐ 4. 相当な強さと速さで，相手の背中が畳に着くように投げたとき，どのような判定となりますか。

解答
1. 後ろ受け身
2. 技がかかりやすいようにするため。
3. 自然（本）体
4. 一本

武　道②　剣道

1 剣道の特性，基本動作，技術☆☆

注意 有効打突
「充実した気勢，適正な姿勢を持って，竹刀の打突部で打突部位を刃筋正しく打突し，残心あるもの」が有効打突である。いい打突でも，残心（打突後に油断せず，相手の反撃に備え，すぐに対応できるように構えること）がないと有効打突にならない。

参考 一足一刀の間合い
一歩踏み込めば打てる距離。

参考 竹刀の各部の名称

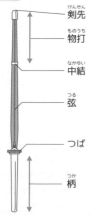

剣先
物打
中結
弦
つば
柄

1 剣道の特性

①剣道具を着け，相対する2人が竹刀を使って攻防し合い，面・小手・胴などの有効打突を競う格闘形式のスポーツ。

②相手の隙をついて竹刀で打ち込んだり，それをしのいだりし合って勝敗を競う。

③礼儀や作法を守る精神，安全に対する注意が必要。

2 基本動作

①**構　え**…中段の構え→攻撃にも守りにも適した基本の構え。

・目はまっすぐに相手を見る。剣先は，相手の喉の高さで，相手のまゆとまゆの間か，左目に向ける。

・左こぶしは，体の中心線から外れないようにする。

・左手と胴の間は，握りこぶし1個分程度空ける。

・足の構えは，左足のかかとを少しあげる。

②**間合い**…中段の構えのとき，互いの剣先が軽く交差する程度の間合いを一足一刀の間合いという。

③**体さばき**（足さばき）…送り足，歩み足，踏み込み足，開き足，継ぎ足などを用いて移動する。

3 技　術①

①**面打ち**…中段の構えから，右足を大きく踏み込んで，正面を打つ。

②**胴打ち**…中段の構えから大きく振りかぶって頭上で手を返す。右足を踏み込むと同時に，相手の右胴を打つ。

③**小手打ち**…中段の構えから，両腕の間から相手の右小手が見える程度に小さく振りかぶり，右足を踏み込み，相手の右小手を打つ。

↳受けるときは，右こぶしを絞りながら竹刀を右側に出し，竹刀の右側で受ける。

得点
アップ
ⒶP

① 剣道の基本動作を覚えよう。
② 面打ち・胴打ち・小手打ちなどの技を整理しよう。
③ 剣道のルールと，反則行為を確認しよう。

保健体育

体育分野

②▶技術，
ルール☆☆

参考 二段打ち
　はじめの打ちのあとの
左足の引きつけの速さが，
2本目の打ちの成否を分
ける。

注意 つばぜりあい
　時間をかせぐためにつ
ばぜりあいを続けるのは
反則となるため，できる
だけ早く技をしかける。

注意 禁止事項
　中学生以下では，突部
（突き垂れ）は禁止である。

① 技　術②

①連続技

・小手→面…相手の右小
手を打つ。→相手が手
元を下げて防いだら，
すぐに面を打つ。

・面→胴…右足から踏み
込み面を打つ。→すぐ
に竹刀を返し，右胴を
打つ。

打つときに，体を
ねじらないように
する。

②引き技

・引き面…つばぜりあい（相手とつばが触れ合うくらい接近し，
すきをうかがっている状態）から，後ろへ引きながら，大き
く強く面を打つ。

② ルール

①個人試合は**三本勝負**で行う。

②三本勝負は，制限時間内に**二本**を先取した方が勝ち。

③**打突**ができるのは，**面部・胴部・小手部**。

④**反　則**…2回犯すと相手に**一本**を与えられる。

　A．試合中に場外に出る。　　B．相手の竹刀を握る。

　C．相手に足をかけたり，はらったりする。

　D．不当なつばぜりあいをする。

　E．相手の肩に故意に竹刀をかけるなど。

テストに出る 要点チェック ✓

☐ 1. 剣道で，攻撃にも守りにも適した基本的な構えを何とい
　　いますか。

☐ 2. 竹刀を構えた，自分と相手との距離を何といいますか。

☐ 3. 一歩踏み込めば打突できる 2. のことを何といいますか。

☐ 4. 充実した気勢と正しい姿勢で打突部を竹刀で打ち，残心
　　のある場合，何と判定されますか。

解答
1. 中段の構え
2. 間合い
3. 一足一刀の間合い
4. 有効打突

30 武　道③　相撲

1 相撲の特性，基本動作，技術☆☆☆

参考　前さばき

相撲の立ち合いの中で，突き合い，押し合い，もみあいながらより有利な体勢になるための動作。
・おっつけ
・巻きあげ
・はねあげ
・巻き返し　など
前さばきの上手，下手が相撲の勝負を左右するポイントとなる。

参考　まわしの締め方

①

② 折る。

③
④ 右の腰にはさむ。

⑤ その上を巻く。
⑥

⑦ もう一度折り込んで後ろにまわし内側を通す

⑧

1 相撲の特性

①まわしをつけた2人の競技者が，押しや寄り，投げ技などを使って土俵内で勝敗を競う。

②相手の動きに応じた基本動作から，**押し，寄り，投げ技**などの技で攻防を展開する。

2 基本動作…正しい姿勢をとる。

→**そんきょ，ちりちょうず，腰わり，四股，伸脚，調体**

◆そんきょ

◆四股

◆土俵

北

西　　　　　東

仕切り線
競技者
主審

南

3 技術

①押し

②寄り

・コレ重要・

☞相撲の試合は，試合のはじめに礼法または立礼を行い，そんきょの姿勢をとる。

① そんきょ，四股など相撲の基本動作を覚えよう。
② 上手投げ，すくい投げなどの代表的な技を整理しよう。
③ 相撲の試合の禁じ手，禁じ技を確認しよう。

保健体育

体育分野

②▷決まり手，ルール☆☆

参考 その他の決まり手

押し出し・寄り切り，下手投げなどがある。

参考 勝ちとなる場合

相手が禁じ技や危険な組手を2度用いた場合や，相手が仕切りでわざと立たなかった場合なども勝ちとなる。

発展 その他の禁じ手

こぶしでなぐる，向こうけり，のどをつかむ，両手を組む，立てまわし（後ろ）をつかむ。

① 決まり手…勝ちが決まったときの技。

①上手投げ　　②すくい投げ　　②内がけ

② ルール

①勝敗の決定…先に土俵の外に出たとき，足の裏以外の体の一部が土に触れたとき。→負け
→禁じ手を使ったり，負傷したりした場合，勝敗を審判の協議で判断する場合がある。

ただし，相手をかばって先に手をついたり（かばい手），相手の体が土俵内にないとき，先に土俵外に足を出したりする（送り足）場合は負けとならない。

②禁じ手・禁じ技…禁じ手・禁じ技を使ったり，使ったと判断されたりすると，審査員の協議により負けとなる。

・禁じ手…張り手，前ぶくろをつかむ，**髪の毛**をつかむ，逆指（相手の指を折り返すこと）

・禁じ技（中学生）…**反り技**，かわづがけ，さば折り，きめ出し，きめ倒し（かんぬき）

テストに出る 要点チェック ☑

- [ ] 1．土を盛って作る相撲の競技場を何といいますか。
- [ ] 2．相撲の基本動作で，ひざを折って座る姿勢を何といいますか。
- [ ] 3．相撲の基本動作で，腰わりの姿勢からゆっくりつま先を上に向けてのばしていく動きを何といいますか。
- [ ] 4．体を開き，上手から下手の方向にひねって投げる技を何といいますか。
- [ ] 5．足のできるだけ低い内側に足をかけて倒す技を何といいますか。

解答

1．土俵

2．そんきょ

3．四股

4．上手投げ

5．内がけ

31 ダンス

1▷ダンスの特性，歴史，技術☆

参考　創作ダンス
　まとまりのある作品をつくるためには，**盛りあがり**を考えてつくる，全体の**流れ**を線画で表現してみる，**音楽**を工夫してみるなどの方法がある。

リズムにのって楽しむことが大切だ。

発展　創作ダンスの表現方法
　他にも，**リフト**（仲間の体を持ちあげる）などの動きがある。

①　ダンスの特性

①ダンス…**リズム**に乗って，体全体の動きで表現するもの。

②創作ダンス…テーマから表現したい**イメージ**をとらえ，動きを工夫して作品をつくり，**発表したり鑑賞したりして楽しむ**運動。

③フォークダンス…いろいろな国の地域で踊られてきた伝統的な**民族の踊り**である。特徴的な**ステップ**や**リズム**で踊って楽しむ。

④現代的なリズムのダンス…ロックやヒップホップなどのリズムを動きでとらえて踊る。

②　歴　史

①ダンスは，時代と共にいろいろな形式が生まれた。14〜16世紀の貴族文化の中で宮廷舞踊から**バレエ**が生まれた。民衆の間では，いろいろな**民族舞踊**が踊られていった。

②18世紀には，バレエが発展し，20世紀に入ると感情を自由に工夫した動きで表現する**モダンダンス**が誕生した。
　　　　└それまでのダンスを一変させ，ダンスの世界に新たなジャンルを確立した。

③現在では，**芸術的舞踊**から**娯楽的**なダンスまで，さまざまな種類が広く愛好され，発展している。

③　創作ダンス

①**学習の行い方**…多彩な**テーマ**からイメージを出し合う。→イメージをとらえて**即興的**に踊る。→表現したい感じや**イメージ**を強調したり，**変化**をつける。→イメージをひと流れの動きで踊る。→はじめ—なか—おわりの構成にして，踊る。→仲間やグループで簡単な**発表会**を開いて楽しむ。

②表現方法

・**シンメトリー**…左右対称に動く。（⇔**アシンメトリー**→左右非対称に動く。）

・**ユニゾン**…同じ動きで**同時**に動く。

・**カノン**…同じ動きを輪唱のようにずらして行う。

① ダンスが時代と共に発展してきた歴史を理解しよう。
② 代表的なフォークダンスや民族舞踊を整理しよう。
③ 現代的なリズムのダンスのステップなどを確認しよう。

②⟩技術，ルール☆☆

参考 フォークダンスの隊形

　シングルサークル（円形），ダブルサークル（男子が内側の円，女子が外側の円），スクエアフォーメーション（四角い隊形），ブロークンサークル（シングルサークルの1か所を切った隊形）などがある。

参考 有名な世界のフォークダンス

　オクラホマミキサー（アメリカ）はダブルサークルでバルソビアナポジションで踊る有名なフォークダンス。
＊オクラホマミクサーともいう。
　オスローワルツ（イギリス）は，シングルサークルでクローズドポジションで踊る。

① フォークダンス

①バルソビアナポジション　②プロムナードポジション

③オープンポジション　④クローズドポジション

② 日本の民謡…全国各地で伝承されているさまざまな民謡がある。

①春駒（郡上踊りのひとつ）→岐阜県
　└若駒が飛び跳ねる様子。
②炭坑節→福岡県
　└炭鉱労働者の間で歌われた。
③花笠音頭→山形県　→にぎやかな掛け声で踊る。
④よさこい節→高知県など
　└鳴子を鳴らしながら踊る。

③ 現代的なリズムのダンス

①ロックのリズムは，8ビートが基本。
②ヒップホップのリズムで踊るダンス→ヒップホップダンス，ブレイクダンス（背中を床に着いて回転する動きが代表的）など，縦乗りの動きが特徴的。

テストに出る 要点チェック ✓

☐ 1. 宮廷舞踊から発展し，音楽と結びついて生まれたダンスを何といいますか。

☐ 2. 創作ダンスの表現方法で，同じ動きで同時に動く形を何といいますか。

☐ 3. オクラホマミキサーはどのような隊形で踊りますか。

☐ 4. 日本の民謡の花笠音頭で有名な都道府県はどこですか。

☐ 5. 現代的なリズムのダンスの名称を答えましょう。

解答

1. バレエ
2. ユニゾン
3. ダブルサークル
4. 山形県
5. ブレイクダンス，ヒップホップダンスなど

傷害と応急手当

▷応急手当の原則，傷害と手当☆

注意 予防

運動すると，普段より心拍数や血圧が上がってきて，体への負担が増える。運動を始める前後で準備運動，整理運動をするのは，傷害の予防のひとつとして効果的である。

参考 圧迫

包帯での圧迫のほかに，パットを当ててテーピングを行う方法がある。あまり強く巻かず，広めに巻くようにする。

参考 傷害の防止

適切な食事，睡眠，運動が大切。

スポーツの種目によって，適したシューズや服装を選ぶことにも留意する。

❶ **応急手当の原則**…スポーツによる傷害は未然に防ぐことが大切。万が一傷害が起きた場合は，適切な手当を行うことにより早く治すことができる。

❷ **RICE 処置**…打撲や捻挫，肉離れなどのけがをした場合は，すぐに運動をやめる。**応急手当である RICE 処置を行い**，医師の判断を受ける。

① **Rest（安静）**

①

・けがをしたら，すぐに運動をやめ安静にする。

・できるだけ動かさないようにする。

② **Icing（冷却）**

②

・冷やすことで内出血や腫れを抑える。

・凍傷にならないよう，氷のうが患部に直接当たらないようにする。

③ **Compression（圧迫）**

③

・圧迫をすることで内出血や腫れを抑える。

④ **Elevation（挙上）**

・患部を心臓よりも高い位置に上げる。

・血液が下に流れると内出血や腫れを起こす。患部を高くすることでこれを防ぐ。

④

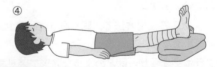

╭─ **コレ重要** ─╮
☞ 傷害が起きた場合→ 安静・冷やす・圧迫・心臓より上にあげることが大切。

① どのような場合に傷害が起こりやすいかを考えよう。
② 応急手当の原則をおさえよう。
③ スポーツで起こしやすい傷害と手当を整理しよう。

2 スポーツで起こしやすい傷害と手当☆☆

発展 応急手当

・熱中症
　できるだけ涼しい場所へ運び，体温を下げる処置をする。

・目の中に異物が入った
　処置する前に手をよく洗う。上まぶたの場合，上まぶたをつまみ，下まぶたに重ねるようにひっぱるとよい。

発展 AED

　自動体外式除細動器。電気ショックを与え，心室細動を除去する装置。

応急手当をマスターしておきましょう。

1 スポーツで起こしやすい傷害と手当

①**突き指**…指先のねんざ。バレーボールやバスケットボールでよく起こりやすい。

・**症　状**…指が赤く腫れ，ズキズキ痛い。指が変形して動かない場合は，**骨折**している可能性がある。

・**手　当**…指をひっぱってはいけない。できるだけ早く，**冷水**などで 30 分以上冷やす。

②**肉離れ**…急に動いた結果，筋肉や腱が損傷し，断裂が起きた状態。

・**症　状**…腫れはあまりみられない。急に動いた後などに激しい痛みが起こる。

・**手　当**…最初は**安静**にして冷やす。数日して痛みが引いたら，**温湿布**する。

③**打　撲**…転んで体を物にぶつけた場合などに皮膚の下の組織が**炎症**を起こした状態。

・**症　状**…腫れて痛み，患部が **紫** 色に変色する。

・**手　当**…すぐに冷やし，早く腫れをひかせる。患部はできるだけ動かさないようにして医師にみせる。

④**鼻　血**

・**手　当**…指で鼻をつまみ，みけんから鼻にかけて氷や冷やしたタオルを当てる。呼吸は口で行い，安静にする。
　→後頭部をたたいても手当の効果はない。

テストに出る 要点チェック ✓

- □ 1. 応急手当の 4 原則のうち，安静・冷やす・心臓より上にあげるの他，あとひとつの原則は何ですか。
- □ 2. 突き指をした場合，患部は温めるか冷やすかどちらが適切ですか。
- □ 3. 打撲をした場合の応急手当を答えましょう。

解答
1. 圧迫
2. 冷やす
3. すぐ冷やして腫れをひかせる。

音楽の基礎知識 ①

図でおさえよう　◆五線譜と大譜表

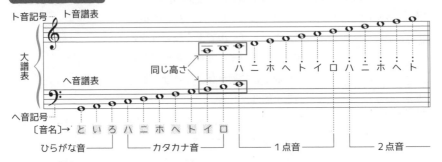

ト音記号　ト音譜表

大譜表

ヘ音譜表

ヘ音記号

同じ高さ

ハ ニ ホ ヘ ト イ ロ ハ ニ ホ ヘ ト

〔音名〕→ と い ろ ハ ニ ホ ヘ ト イ ロ

ひらがな音　　　カタカナ音　　　1点音　　　2点音

---

1 五線譜と大譜表 ☆☆

参考　各部の名称

五線に収まらない音のため部分的につける線を**加線**といい，それぞれ下のように呼ぶ。

五線と加線

上第1線
第5線
第4線
第3線
第2線
第1線
下第1線

上第1間
第4間
第3間
第2間
第1間
下第1間

① **五線譜**…音楽を記述として残す方法のひとつ。

・17～18世紀頃，ヨーロッパでほぼ現在の形が完成。

・音楽の記述法として現在，世界中で最も普及している。

② **譜表**…五線譜に音の高さを定める**音部記号**をつけたもの。

①**ト音記号**…ト（G）音を示す。

　ト音譜表に用いられる。

②**ヘ音記号**…ヘ（F）音を示す。

　ヘ音譜表に用いられる。

◆ト音記号とヘ音記号

ト音記号
ト音より書き始める。

ヘ音記号
ヘ音より書き始める。
点の間の音もヘ音。

③**大譜表**…ト音譜表とヘ音譜表を合わせたもの。
音域の広いピアノやオルガン，ハープ等の楽譜で用いられる。

・**コレ重要**・

☞ 五線は**音部記号**をつけることで初めて音の高さが決まる。

---

2 音符と休符 ☆☆☆

参考　4分音符は全音符を4つに，8分音符は8つに分けた長さの音符である。

注意　漢字は正しく

・**譜**…楽譜，五線譜
・**符**…音符，休符
・**付**…付点○○音符

① **音符と休符の長さ**…4分音符を1とした場合の長さの関係。

音　符		長さの割合		休　符	
𝅝	全音符		4	𝄻	全休符
𝅗𝅥.	付点2分音符		3		付点2分休符
𝅗𝅥	2分音符		2	𝄼	2分休符
♩.	付点4分音符		1$\frac{1}{2}$		付点4分休符
♩	4分音符		1	𝄽	4分休符
♪.	付点8分音符		$\frac{3}{4}$		付点8分休符
♪	8分音符		$\frac{1}{2}$		8分休符
♬	16分音符		$\frac{1}{4}$		16分休符

① 譜表の種類や各部の名称を覚えよう。
② 音符と休符の長さについて理解を深めよう。
③ 拍子記号の意味や，各拍子についてまとめよう。

② 三連符…ある音符を3等分した音符。

◆三連符
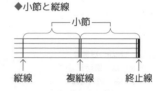
…♩を3等分する音符
…♩を3等分する音符

3 小節と縦線 ☆☆

注意 複縦線
終止や繰り返し記号に用いられる。曲の途中の区切りを示すこともある。

① **小節と縦線**
　①縦線…楽譜を小節単位に区切るための線。
　②小節…区切られた最小単位。
② **複縦線**…小節より大きな区切りを示す縦線。→細い縦線2本で表す。

◆小節と縦線

縦線　　複縦線　　終止線

4 拍 子 ☆☆☆

注意 拍子記号
分数の形で記されるが，数学の分数とは意味は全く違うので注意する。

$\dfrac{4}{}$ ←1小節内の拍の数＝4拍

$\dfrac{}{4}$ ←1拍を打つ音符の種類＝4分音符

参考 単純拍子と複合拍子
8分の6拍子は，8分音符3つを単位とする2拍子系の複合拍子。テンポが速い場合など，2拍子と同じ形で振られることも多い。

① **拍子の種類とリズム譜**…拍子ごとの典型的なリズム例。

	単純拍子	複合拍子
2拍子系	$\frac{2}{2}$	$\frac{6}{8}$
3拍子系	$\frac{3}{4}$	$\frac{9}{8}$
4拍子系	$\frac{4}{4}$	$\frac{12}{8}$

> **すいすい暗記**　4分の4　4分音符の　4拍子
> 下の4は4分音符，上の4は拍数を示す。

② **各拍子の指揮の振り方**（主な例）

$\frac{2}{4}$　　$\frac{3}{4}$　　$\frac{4}{4}$　　$\frac{6}{8}$　　$\frac{6}{8}$

音楽

テストに出る 要点チェック ✓

☐ 1. 高さに基づいた音固有の名前を何といいますか。
☐ 2. 1点ハ音が五線の上第1線上に示される譜表の名を4文字で答えましょう。
☐ 3. 8分音符3つ分の長さを持つ1つの音符は何音符ですか。
☐ 4. ある音符を3等分した音符を何といいますか。
☐ 5. 4分の3拍子は，1拍を何音符とする何拍子ですか。

解答
1. 音名
2. ヘ音譜表
3. 付点4分音符
4. 三連符
5. 1拍を4分音符とする3拍子

音楽の基礎知識 ②

▷音　階☆☆☆

参考　ハ長調

鍵盤で考えると，ミとファ，シとドの間だけ，黒鍵がない（＝半音）のでわかりやすい。

発展　3種類の短音階

短調には，**臨時記号**のつかない**自然的短音階**と，終始感を強めるため臨時記号でソを半音あげた**和声的短音階**，より滑らかに歌える音程を目指し，上行形と下行形で音が異なる**旋律的短音階**がある。

自然的短音階
〔階名〕ラ シ ド レ ミ ファ ソ ラ

和声的短音階
ラ シ ド レ ミ ファ #ソ ラ

旋律的短音階　上行形
ラ シ ド レ ミ #ファ #ソ ラ

旋律的短音階　下行形
ラ ソ ファ ミ レ ド シ ラ

（イ単調の場合）

① 長調と短調の音階

音階で隣り合う 2 つの音の隔たり（**音程**）は，**全音**と**半音**に分けられ，その並び順によって**長調**と**短調**が決まる。

半音は音程の最小単位で，鍵盤では隣り合う黒鍵と白鍵が半音にあたる。

（全音＝半音×2）

①**長　調**…階名のドから始まる。ミ・ファとシ・ドが半音，残りが全音。

②**短　調**…階名のラから始まる。音階中の全半音の位置は図のようになる。

◆長調と短調の音階

〔階名〕ド レ ミ ファ ソ ラ シ ド
⌒…全音　主音　⌒…半音　主音

〔階名〕ラ シ ド レ ミ ファ #ソ ラ
主音　⌒…全音+半音　主音

② 調号と臨時記号

①**主　音**…音階の最初の音。

②**調　号**…音部記号の右に記され，曲全体に効力を持つ #（シャープ）や ♭（フラット）。

③**臨時記号**…単独の音符につき，1 小節内だけに有効な #・♭・♮。

◆調号と臨時記号

ヘ長調

ト長調
調号

⌒…全音　⌒…半音　⌒…全音+半音

イ短調

ニ短調
臨時記号

③ 日本の音階

都節音階　　　民謡音階

律音階　　　沖縄音階

（下の全ての音階の始まりの音をホ音にした場合）

▷反復記号☆☆☆

参考　ヴィーデとコーダ

楽譜の途中からコーダに飛ぶときなどに使われる記号「⊕」は，**ヴィーデ**と呼ばれる。

① 反復記号の種類と演奏順序

D.C.（始めに戻る）　D.S.（§に戻る）　Fine（終わり）　⊕（次の⊕までとばす）　Coda（結び）

得点アップ UP
① 長調と短調の音階は、全音と半音の順番をしっかりおさえよう。
② 調号と臨時記号の違い、それぞれの効力の範囲を覚えよう。
③ 強弱、速度、表現の記号は必ず覚えよう。

3 音程・和音 ☆☆

参考　オクターヴ
8度の音程を1オクターヴという。オクトはラテン語の8。8は、8度高く（低く）奏する場合にも使われる。

① 音　程…音と音の間の高さの隔たりのこと。音程は数字で表し、単位は「度」である。

1度　2度　3度　4度　5度　6度　7度　8度

② 三和音…音の上に、3度ずつの音程で2つの音を重ねて作った
→楽譜の上では、ちょうど3つ並んだお団子の形になる。
3つの音から成る和音。Ⅰ, Ⅳ, Ⅴを主要三和音という。
ドミソ　ファラド　ソシレ

4 記号と用語 ☆☆☆

① 速度に関する記号

Andante	アンダンテ	ゆっくり歩くような速さで
Moderato	モデラート	中ぐらいの速さで
Allegro	アレグロ	速く
ritardando	リタルダンド	だんだん遅く
accelerando	アッチェレランド	だんだん速く
a tempo	ア テンポ	もとの速さで

注意　強弱に関する記号
メッゾフォルテとメッゾピアノはそれぞれ「少し強く」、「少し弱く」という意味であるが、「少し強く」は「強く」よりも強くなく、「少し弱く」は「弱く」よりは弱くない。

② 強弱に関する記号

p	ピアノ	弱く
mp	メッゾ ピアノ	少し弱く
ff	フォルティッシモ	とても強く
crescendo	クレシェンド	だんだん強く
decrescendo	デクレシェンド	だんだん弱く

③ 演奏の仕方に関する記号

	スタッカート		フェルマータ
	音を短く切って		音を程よくのばして
	テヌート		タイ
	音の長さを保って		同じ高さの音をつなげて
	アクセント		スラー
	音を目立たせて		違う高さの音をつなげて

テストに出る 要点チェック ✓

☐ 1. 短調の主音を階名で答えましょう。

☐ 2. 長調の主要三和音のもとになる3つの音の階名は何ですか。

☐ 3. *f*, *mp*, *mf*, *p* を弱いものから順に並べましょう。

☐ 4. 同じ高さの音をつなげる記号は何ですか。

解答

1. ラ
2. ド, ファ, ソ
3. *p*, *mp*, *mf*, *f*
4. タイ

エーデルワイス／浜辺の歌

1 ▷「エーデルワイス」
☆☆☆

注意 祖国

この歌に歌われている**祖国**とは，物語の主人公たちの住まう**オーストリア**である。

参考 「サウンド オブ ミュージック」の物語

舞台は第二次世界大戦が迫る頃のオーストリア。妻に先立たれ，7人の子どもを抱えた堅物の軍人トラップ大佐の元に，家庭教師としてやって来たのは，見習い修道女のマリアだった。おてんばで元気一杯の彼女は，持ち前の明るさと歌声で家族の心をあたたかく和ませ，ひとつに繋いでいくのだった。

強弱記号の意味は教科書でも確認しておこう。

① 作者と背景
→両者ともアメリカ合衆国出身。物語の舞台のオーストリアではない。

①**作詞者**…**O. ハマースタイン 2 世**
　　　　　　（→ 1895 ～ 1960）

②**作曲者**…**R. ロジャーズ**
　　　　　　（→ 1902 ～ 1979）

③**ミュージカル「サウンド オブ ミュージック」**の中の 1 曲。
　　→「ドレミの歌」も同ミュージカルの中の 1 曲である。
　初演は 1959 年で，1965 年には**映画**となって，数々の歌とともに世界的な人気を博した。

④**エーデルワイス**…**アルプス地方**に咲く**高山植物**で，白い可憐な花を咲かせる。**祖国オーストリアの象徴**として扱われる。

⑤**祖国への思い**…花に託して歌われている**祖国への思い**が，こ
　→祖国を思い歌われるが，ミュージカルの挿入歌であり国歌ではない。
　の歌の主題である。

② 楽譜

①**調と拍子**…ハ長調，4 分の 3 拍子

②**演奏速度**…Moderato（中ぐらいの速さで），（♩ = 116 ぐらい）

③**曲中で用いられる記号**

記　号	読み方	意　味
mp	メッゾ ピアノ	少し弱く
mf	メッゾ フォルテ	少し強く
＜	クレシェンド	だんだん強く
＞	デクレシェンド	だんだん弱く
♩ = 116	—	1 分間に ♩ を 116 打つ速さ

・**コレ重要**・

☞ エーデルワイスの花に託して祖国愛を表した歌である。

得点
アップ
UP

① 作詞者，作曲者の名前は正確に覚えよう。
② 曲が作られた背景や歌詞のテーマについてまとめよう。
③ 曲に用いられている記号をチェックしよう。

2 「浜辺の歌」 ☆☆☆

発展 成田為三

彼の作曲した童謡の中でも有名なものに，「**かなりや**」，「**赤い鳥小鳥**」などがある。他に多数の**歌曲**や**合唱曲**，器楽曲の作曲も行ったが，作品の多くが空襲で焼失しており，専門家による研究が進んでいる。

注意 歌詞
・あした→朝
・ゆうべ→夕方
・もとおれば
　→めぐれば，歩きまわれば

① 作者と背景

①作詞者…**林古溪**（1875 ～ 1947）

東京都出身の詩人（歌人）。**国文学者，漢文学者**。講師や中学校の教員などを務める。「万葉集外来文学考」などの著作を記した。

②作曲者…**成田為三**（1893 ～ 1945）

秋田県出身の作曲家。**東京音楽学校**を卒業した後，**ドイツ**に留学。帰国後には多くの**童謡**の作曲に携わった。
子どものための歌で，大正から昭和にかけて童謡が作られた。

③曲の背景…林古溪が幼少期を過ごした神奈川県藤沢市の**辻堂海岸**をイメージしたものといわれている。

② 楽譜

♪＝104 ～ 112 優美に

1 あし たーは まーべーを さーまーよ えーば ーむ
2 ゆう べーは まーべーを もーとーお れーば ーむ

か しーの こーと ーぞ しーの ーば るる ーか
か しーの ひーと ーぞ しーの ーば るる ーよ

①調と拍子…**ヘ長調，8 分の 6 拍子**

②演奏速度…♪＝ 104 ～ 112
　　1 分間に♪を 104 ～ 112 打つ速さ。

③曲中で用いられる記号

記 号	読み方	意 味
rit.	リタルダンド	だんだん遅く
Ⅴ	ブレス	息つぎ
♯	シャープ	半音上げる

テストに出る **要点チェック** ✓

□ 1．「エーデルワイス」：何拍子か答えましょう。

□ 2．「エーデルワイス」：作詞者を答えましょう。

□ 3．「エーデルワイス」：エーデルワイスとは何ですか。

□ 4．「浜辺の歌」：作詞者，作曲者を答えましょう。

□ 5．「浜辺の歌」：拍子と調名を答えましょう。

解答

1．4 分の 3 拍子

2．O.ハマースタイン 2 世

3．花の名前

4．作詞者 **林古溪**
　　作曲者 **成田為三**

5．8 分の 6 拍子，ヘ長調

音楽

4 赤とんぼ／夏の思い出

① 「赤とんぼ」
☆☆☆

① 作者と背景

①作詞者…三木露風（1889 〜 1964）

兵庫県出身の詩人で，童謡や児童詩を含む数多くの作品を残した。叙情的な作風で知られる。

②作曲者…山田耕筰（1886 〜 1965）

東京都出身の作曲家で，歌曲やオペラ，交響曲など多数の作品を世に残した。

③曲の背景…歌詞は，三木露風が幼い頃の思い出を語った内容で，過去の思い出と，それを思い出している現在が描かれる。

② 歌詞と楽譜

①歌詞

過去	1 夕やけ小やけの	赤とんぼ	おわれて見たのは（姐やに）背負われて	いつの日か
	2 山の畑の	桑の実を	小籠に摘んだ摘んだのはまぼろしだったのだろうか	まぼろしか
	3 十五で姐やは子守に雇われていた娘	嫁に行き	お里のたよりもふるさとからの手紙	絶えはてた
現在	4 夕やけ小やけの	赤とんぼ	とまっているよ	竿の先

②楽譜

コレ重要

☞ 1番で昔の光景を回想し，3番までが昔，4番は現在である。とまって「いるよ」でわかる。

③調と拍子…変ホ長調，4分の3拍子

④演奏速度…♩＝ 58 〜 63 （♩＝ 60 ぐらい）

⑤曲中で用いられる記号

記 号	読み方	意　味
p	ピアノ	弱く
mf	メッゾ・フォルテ	少し強く
♭	フラット	半音下げる

注意 歌詞

「おわれてみた」→「(背)負われて見た」。幼い作者が，子守の姐やに背負われて，その肩越しに赤とんぼを見た思い出について語っている。

発展 調判定の仕方

調号が♭の長調を調判定するには，一番右側にある♭に注目する。一番右の♭の音がその調の階名のファにあたるため，そこからファミレドと4度下がってド＝主音にあたる音を見つければ，調名が判定できる。「赤とんぼ」の場合，一番右の♭はラなので4度下のミが主音となり，調号によりミに♭がついているため，ミ♭＝変ホで「変ホ長調」となる。

① 作詞者，作曲者の名前と主な業績は必ず覚えよう。
② 歌詞のわかり難い言葉をチェックし，意味を正しく理解しよう。
③ 調名，拍子，用いられている記号をまとめよう。

2 「夏の思い出」 ☆☆☆

発展 「花の街」
江間章子の作詞による歌。終戦直後の時代，人々の心をいやした名曲である。

注意 歌詞の意味
石楠花色→淡い紅色，淡紅色
浮き島→湿原や沼に浮かぶ，植物や泥などでできた島状のもの。

注意 リズムの変化
1番と2番の歌詞のリズムの違いが，そのまま旋律のリズムに活かされた形で作曲されている。

発展 調判定の仕方
調が♯の長調は，一番右側の♯の音がその調の階名のシにあたるため，そこからシドと数えて2度上の音が主音である。

① 作者と背景

①**作詞者**…江間章子（1913 〜 2005）
　新潟県出身の詩人。詩集「イラク紀行」をはじめ，「花の街」（→ p.155）など多くの歌曲の作詞でも有名。

②**作曲者**…中田喜直（1923 〜 2000）
　東京都出身。日本を代表する作曲家で，「ちいさい秋みつけた」「めだかの学校」などの童謡や，歌曲，合唱曲を多く残した。

③**曲の背景**…尾瀬が原という日本有数の湿原地帯の光景を歌っている。

> **すいすい暗記**
> 尾瀬ヶ原，広がる湿原　群馬・福島・新潟県
> 貴重な湿原植物に恵まれ3県にまたがる湿原地帯

② 楽譜

①曲中で用いられる記号

記号	読み方	意味
♩	テヌート	音の長さを保って
⌒	フェルマータ	音を程よくのばして

・コレ重要・
☞ 「咲いて」「におって」の歌詞に合わせ旋律のリズムが変化。

音楽

テストに出る **要点チェック** ☑

		解答
☐	1.「赤とんぼ」：作詞者，作曲者を答えましょう。	1. 作詞者　三木露風 　　作曲者　山田耕筰
☐	2.「赤とんぼ」：「おわれて」の意味を答えましょう。	2. 背負われて
☐	3.「夏の思い出」：作詞者，作曲者を答えましょう。	3. 作詞者　江間章子 　　作曲者　中田喜直
☐	4.「夏の思い出」：尾瀬とは何ですか。	4. 湿原の名称
☐	5.「夏の思い出」：音符を，程よくのばして演奏するためにつけられた記号は何ですか。	5. フェルマータ

5 荒城の月／早春賦

1 「荒城の月」
☆☆☆

発展 滝廉太郎の作品
　わずか23歳の短い生涯であったが，歌曲などにおいて数々の優れた作品を残している。「はとぽっぽ」や「お正月」「水遊び」などの童謡も歌い継がれている。

演奏速度の意味は教科書でも確認しておこう。

参考 山田耕筰による補作編曲
　山田耕筰による「荒城の月」は，速度表示が Lento doloroso e cantabile（レント・ドロローソ・エ・カンタービレ＝ゆるやかに，悲しく，そして歌うように）とされ，言葉の1音節に対し倍の長さの4分音符をあてているので，演奏速度はずっと遅くなる。

1 作者と曲の背景
①作詞者…土井晩翠（1871〜1952）
　　宮城県出身の詩人である。漢文調の**力強い**作風が特徴。
②作曲者…滝廉太郎（1879〜1903）
　　東京都出身の作曲家。ドイツに留学中病気にかかり帰国，
　　　　　↳病名は結核であった。
　　翌年23歳の若さで亡くなる。「花」（→ p.154），「箱根八里」
　　などの名曲を残した。
③曲の背景…会津若松の鶴ヶ城，土井の故郷仙台の青葉城に着
　　　　　　　　　　　↳福島県。　　　　　　↳宮城県。
　　想を得た曲。作曲を依頼された滝廉太郎が，大分県竹田にあ
　　　　　　　　　　　　　　　　　　　　　　　↳父親の転勤により，
　　る岡城の城跡（城址）にてこの曲を完成させた。廉太郎はここで少年
　　　　　　　　　　　　　　　　　　　　　　　時代を過ごした。

2 歌詞と楽譜
1 歌　詞

1	春高楼の 高い建物（＝城）	花の宴 花見の宴会	めぐる盃 手から手へと渡る盃	影さして 今はどこへ行ってしまったのか
	千代の松が枝 古い松の枝をかきわけるようにして差し込んでいた	わけ出でし	昔の光	今いずこ
2	秋陣営の 兵士が陣取る陣地	霜の色	鳴き行く雁の がんの群れが鳴きながら飛んで行く	数見せて
	植うるつるぎに 植えたように立ち並ぶ剣	照りそいし 照り輝いた	昔の光	今いずこ
3	今荒城の	夜半の月	変わらぬ光	たがためぞ 誰のためなのか
	垣に残るは 石垣に残っているのは	ただかずら つる草	松に歌うは	ただあらし
4	天上影は 天上からの光（空の月の光）は変わらないが	変わらねど	栄枯は移る 栄えたり衰えたり	世の姿
	写さんとてか 写し出そうとしているのか	今もなお	ああ荒城の	夜半の月

2 楽　譜

◯＝山田耕筰版で音やリズムが変わっている箇所

3 調と拍子…ロ短調，4分の4拍子。
4 演奏速度…Andante（ゆっくり歩くような速さで）
　　＊**山田耕筰**による**補作編曲**では，同じ拍子でも**テンポ**が違い，
　　　リズムの形や音を変えてある部分もある。

②「早春賦」 ☆☆☆

発展 「早春賦」の生まれた背景

この曲の作詞者，吉丸一昌は，1912 年から 1914 年にかけて，75 曲より成る「新作唱歌」全十集を発表した。この唱歌集は，すべて吉丸の作詞によるもので，東京音楽学校を卒業した若手の作曲家達が作曲を担当した。その第三集に「早春賦」は掲載されている。

注意 歌 詞

「はるはなのみの」
→「春は名のみの」

参考 単純拍子と複合拍子

拍子は，**単純拍子**と**複合拍子**に大きく分けられ，「早春賦」の **8 分の 6 拍子**は**複合拍子**にあたる。複合拍子には他に 8 分の 9 拍子などがあり，単純拍子には 4 分の 2 拍子や 4 分の 3 拍子などがある。

❶ 作 者

①作詞者…**吉丸一昌**（1873 〜 1916）

大分県出身の国文学者。東京音楽学校の教授として務め，多くの詩の作成などに携わった。

②作曲者…**中田章**（1886 〜 1931）→中田喜直の父。

東京都出身。東京音楽学校を卒業したあと，同校の教授を務め，**オルガン**奏者としても活躍した。

❷ 歌詞と楽譜

①**歌 詞**

	1	春は名のみの 春とは名ばかりの	風の寒さや	谷の鶯	歌は思えど 歌いたいと思っても
		時にあらずと まだその時ではないと	声も立てず	時にあらずと	声も立てず
	2	氷解け去り	葦は角ぐむ 葦が芽が出始める	さては時ぞと 今が(＝春)と思ったのに	思うあやにく あいにく
		今日もきのうも	雪の空	今日もきのうも	雪の空
	3	春と聞かねば 春と聞かなければ	知らでありしを 知らないでいたものを	聞けば急かるる 急かされる	胸の思いを
		いかにせよとの どうしたらいいのでしょうか	この頃か この頃なのでしょうか	いかにせよとの	この頃か

②**楽 譜**

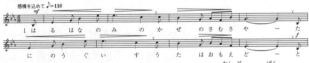

③**調と拍子**…変ホ長調，**8 分の 6 拍子**＝ 8 分音符を 1 拍として 1 小節に 6 拍を打つ 6 拍子で，複合拍子。

④**演奏速度**…♪＝ 116

⑤**弱 起**…曲が 1 拍目（強拍）以外の拍から始まること。最後の小節の拍数は，最初の拍数分だけ少なく記される。

テストに出る 要点チェック ✓

☐ 1. 「荒城の月」：作曲者を答えましょう。

☐ 2. 「荒城の月」：原曲を補作編曲したのは誰ですか。

☐ 3. 「早春賦」：何拍子か答えましょう。

☐ 4. 「早春賦」：「角ぐむ」の意味を答えましょう。

解答

1. 滝廉太郎
2. 山田耕筰
3. 8 分の 6 拍子
4. 芽が出始める

音楽

6 春 ―第1楽章―

ヴィヴァルディの
「四季」全曲を
鑑賞してみよう。

1 ▷「春」 ☆☆☆

発展 協奏曲

協奏曲は、その独奏楽器によって、ピアノ協奏曲、ヴァイオリン協奏曲などさまざまな種類がある。ヴィヴァルディの時代には合奏の規模は小さいが、後の時代には大編成のオーケストラをバックに独奏楽器が名演を繰り広げる、華やかな楽曲へと発展していった。

発展 通奏低音

ヴィヴァルディやバッハなどが活躍したバロック時代に多く用いられた伴奏法で、楽譜上に示した簡素な低音パートを元に、演奏者が即興的に和音を加えながら演奏するものである。

① 作曲者

①作曲者…A. ヴィヴァルディ（1678〜1741）

イタリアのヴェネツィア出身。ヴァイオリンの演奏家だった父親の手ほどきを受けて自身もヴァイオリン奏者となり、ピエタ養育院（慈善院）での音楽教師の職に就いた。

②業　績…多くの協奏曲を作曲し、その数々の業績はバッハやヘンデルをはじめ、同時代の音楽家たちに多大な影響を与えた。

② 楽曲の種類，形式

①「四季」から「春」

「春」…「四季」の中の第1曲。「四季」は、「和声と創意の試み」第1集中に含まれる協奏曲である。
↳春、夏、秋、冬の表題は作曲家自身によるが、「四季」の呼び名は後につけられたともいわれる。

②協奏曲…コンチェルトとも呼ばれる。独奏楽器と合奏で演奏される。「四季」では、独奏（ソロ）と、弦楽器による合奏に加えて通奏低音を用いる。
↳「春」では、チェンバロなどの、和音を演奏できる楽器が担当する。

③ソネット…イタリアで13世紀頃に生まれた詩の形式で、短い14行のフレーズから成る。

④リトルネッロ形式…バロック時代に多く用いられた楽曲形式。柱となる旋律の全体合奏（トゥッティ）によるリトルネッロ部と、その合間に入る、独奏（ソロ）や少人数の合奏によるエピソード部が交互に現れるのが特徴である。
↳リトルネッロ、トゥッティ、ソロはすべてイタリア語である。

◆リトルネッロ形式と、ソネットの対訳（第1楽章）

リトルネッロ部→エピソード部	A春がやってきた。
リトルネッロ部→エピソード部	B鳥は、陽気に春に挨拶をする。
リトルネッロ部→エピソード部	C風が泉に吹き、泉の水は優しく流れていく。
リトルネッロ部→エピソード部	D暗雲と稲妻が空を覆い、雷鳴は春の訪れを知らせる。
リトルネッロ部→エピソード部	E嵐が静まると、鳥はまた歌い始める。

↳イタリア語の原詩では、第1楽章は8行からなる。

得点アップ UP

① 作曲者の名前と出身国名，主な業績は必ず覚えよう。
② 協奏曲，ソネットなど，重要な語句と意味を覚えよう。
③ ソネットに対応する楽譜をよく見比べ，特徴を覚えよう。

発展「春」の楽譜

「春」の楽譜のAの部分が**リトルネッロ部**で，1楽章における春のテーマとして繰り返し現れては**トゥッティ**で演奏される。その合間にB〜Eの**エピソード部**が現れ，**ソロ**や少数編成の合奏で演奏される。リトルネッロ部は，場面により短調に変化（＝転調→ p.150）することもある。

3 楽 譜

春がやって来た。

A 〔楽譜〕

鳥は，陽気に春に挨拶をする。

B 〔楽譜〕

風が泉に吹き，泉の水は優しく流れていく。

C 〔楽譜〕

暗雲と稲妻が空を覆い，雷鳴は春の訪れを知らせる。

D 〔楽譜〕

嵐が静まると，鳥はまた歌い始める。

E 〔楽譜〕

音楽

テストに出る **要点チェック**

☐ 1.「春」の作曲者と出身国名を答えましょう。

☐ 2.「春」は，独奏楽器と合奏を組み合わせた編成で演奏される。このような楽曲を何といいますか。

☐ 3.「春」は，（①　　）と呼ばれる（②　　）行の短い詩の内容に従って作られている。

☐ 4.「春」の演奏で用いられる独奏楽器を答えましょう。

☐ 5.「春」の楽曲の形式を何といいますか。

解答

1. 作曲者 **ヴィヴァルディ**
   国名 **イタリア**
2. **協奏曲（コンチェルト）**
3. ①**ソネット**
   ②**14**
4. **ヴァイオリン**
5. **リトルネッロ形式**

魔　王　—Erlkönig—

▷「魔王」
☆☆☆

発展 シューベルトとリート

　ドイツ語による歌曲は「**リート**」と呼ばれる。シューベルトのリートは，歌だけでなく**ピアノ伴奏**による豊かな表現も大きな特徴で，「魔王」でも，**歌とピアノ伴奏が一体となって**，詩の世界を豊かに表現している。

注意 独唱

　4つの役がでてくるが，一人でそれを歌い分けて**独唱**する。伴奏を受け持つのは**ピアノ**で，**情景**を描くために重要な役割を果たしている。

魔王はどんな展開なんでしょうね。

❶ 作　者

①作曲者…F.P. シューベルト（1797 ～ 1828）

　　オーストリアのウィーン郊外の出身。交響曲をはじめとする管弦楽曲や，室内楽曲，ピアノ曲，歌曲，宗教音楽など多岐に渡る曲を残した。リートと呼ばれる歌曲はシューベルトを特徴づけるもので，その数は 600 曲を超える。

②作詞者…J.W.v. ゲーテ（1749 ～ 1832）

　　ドイツのフランクフルト出身の文学者。モーツァルトやベートーヴェンにも多大な影響を与えた。

❷ 楽曲と詩

①誕　生…「魔王」は 18 歳のシューベルトが，ゲーテの詩に強い影響を受けて，一気に書きあげたといわれている。

②特　徴…「魔王」の詩はひとつの短い物語である。歌い手は，独唱で登場人物 4 役を歌い分ける。
→父，子，魔王，語り手。

③物　語→物語の進行に従って刻々と変化していく歌や伴奏の臨場感を味わって鑑賞したい。

> 語り手：風の夜に馬を走らせて行くのは，わが子をしっかりと胸に抱いた父親である。
>
> 　父　：何におびえているの，坊や。
>
> 　子　：おとうさん，魔王が見えるよ。
>
> 　父　：あれは夜霧だよ。
>
> 魔　王：坊や，遊ぼう。川岸に花も咲き，きれいな服もあるよ。
>
> 　子　：おとうさん，魔王の声が聞こえるよ。
>
> 　父　：あれは枯葉のざわめきだよ。
>
> 魔　王：坊や，おいで。娘と遊んで，踊ろう。寝かせてくれるよ。
>
> 　子　：おとうさん，あそこに魔王の娘がいるよ。
>
> 　父　：あれは枯れた柳の影だよ。
>
> 魔　王：坊や，暴れてもさらっていくぞ。
>
> 　子　：おとうさん，魔王がぼくを連れて行くよ。
>
> 語り手：恐ろしくなって急ぐ父親だが，宿についたときには，わが子はすでに息絶えていた。

得点アップUP

① 作曲者，作詞者の名前と出身国名，主な業績は必ず覚えよう。
② 詩に描かれた物語を理解し，登場人物を覚えよう。
③ 演奏形態や伴奏楽器，楽曲の特徴についてまとめよう。

注意 旋律の変化
　子どもの台詞にあたる旋律の冒頭が回を追うごとに高くなっていく。

注意 ピアノ
　ピアノによる前奏が何を表しているか，また途中で伴奏形が変化する部分についても出題されることがある。
① 冒頭の和音の連打
　→走る馬のひづめの音。
② なめらかな三連符の分散和音
　→魔王が優しく呼びかける情景。

音楽

③ 詩と楽譜

駆ける馬の激しいひづめの音と，いかにも不気味な風の夜の情景を表すようなピアノの前奏。
速く（♩＝152）〈原調：ト短調〉

①

魔王がいるよと子どもが父親に訴える。

② 子　
おとうさんそこにみえないの　まおうがいるこわい─よ

優しげな声でさそう魔王。

③ 魔王　
かわいいぼうやおいでよおもしろいあそびーをしよう

なだめる父親。

④ 父　
なあにあれはかれはのざわめきじゃ

最後には恐ろしい声で子どもを連れ去ろうとする魔王。

⑤ 魔王　
かわいいいこじゃのうほうや　じたばたしてもさらってくぞ

子どもは恐ろしさで泣き叫ぶ。→音が高くなっている。

⑥ 子　
お とうきんお とうさん まおうがいま ぼうやをつかん でつれ てゆ く

語り手が物語を締めくくる。

⑦ 語り手　
ち ち もこころ おののきつ あえぐそのこを いだきしめ

テストに出る **要点チェック**✓

解答

☐ 1.「魔王」の作曲者，作詞者と，それぞれの出身国名を答えましょう。

☐ 2.「魔王」の伴奏楽器を答えましょう。

☐ 3.「魔王」の登場人物をすべて答えましょう。

☐ 4.「魔王」で「おとうさん」と呼びかける旋律の冒頭は，曲の進行と共に（　　）なっていく。
　　速く　遅く　高く　低く

☐ 5.「魔王」のようなドイツ語による歌曲のことを何と呼びますか。カタカナで答えましょう。

1. 作曲者 F.P. シューベルト
　国名　オーストリア
　作詞者 J.W.v. ゲーテ
　国名　ドイツ
2. ピアノ
3. 父，子，魔王，語り手
　（順不同）
4. 高く
5. リート

8 帰れソレントへ／ブルタバ（モルダウ）

1 「帰れソレン トへ」 ☆☆☆

発展 ゲーテとソレント
寒冷で天候もくずれがちな北ヨーロッパに生まれたゲーテなどの文学者や芸術家にとって，明るく温暖な南欧はあこがれの地でもあった。

発展 カンツォーネ
イタリア語で歌のことを**カンツォーネ**というが，日本では特に**ナポリ地方の歌**のことをカンツォーネと呼んでいる。「帰れソレントへ」は歌詞が**ナポリの言葉（方言）**で書かれており，代表的なカンツォーネのひとつである。

発展 移調と転調
「帰れソレントへ」のように，**曲の途中で調が変わること**を**転調**という。これに対し「移調」という用語がある。こちらは，ヘ長調の曲をハ長調に移すといったように，**本来の調を別の調に変える作業，行為のこと**を指す。

① 作者と曲の背景

①作詞者…G.B. デクルティス（1860 ～ 1926）
　　　　「G. デ・クルティス」と表記する場合もある。
②作曲者…E. デクルティス（1875 ～ 1937）
　　　　「E. デ・クルティス」と表記する場合もある。
③曲の背景…ソレントはイタリアのナポリ湾の南端にある町の名。ゲーテやバイロンなども滞在し，詩想を練ったことでも知られる。

② 楽 譜

Moderato　ハ短調
p
うる わしのソレント　　うなばらはる かに　　ゆうもやたな びき

rit.　　ハ長調に転調
　　　a tempo　*mf*
おもいでさそ　う　ー　オレンジのかおり　　ほのかにただ

rit.　　　*a tempo*
よい　もりのみどり にも　　かぜはささや く　ー　いまはただひ

ハ短調に転調
f
とり　すぎしひしの べ　ば　　くだけるなみ おと

①調と拍子…ハ短調，4 分の 3 拍子。

②演奏速度…Moderato（中ぐらいの速さで）

③転調…曲の途中で調が変わること。

　「帰れソレントへ」は，調号が♭3 つのハ短調で，冒頭部分もハ短調で始まるが，曲の途中でハ長調に変化する。なお，ハ短調とハ長調の間を何度も行き来し，1 番を歌う間に全部で 4 回の転調が見られる。ハ長調とハ短調のような，同じ主音を持つ長調と短調の関係を**同主調**という。
　　同主調のように関係の近い調どうしを「近親調」と呼び，転調でよく用いられる。

④曲中で用いられる記号

記 号	読み方	意 味
rit.	リタルダンド	だんだん遅く
a tempo	ア テンポ	もとの速さで
𝄐	フェルマータ	音を程よくのばして

① 作曲者，作詞者，出身国名等の情報は必ず覚えよう。
② 「帰れソレントへ」は，転調している所をチェックしよう。
③ 「ブルタバ」は，特徴的な楽譜を情景ごとにまとめよう。

2 「ブルタバ（モルダウ）」☆☆☆

発展 ブルタバの名称

「モルダウ」の名でも親しまれたが，オーストリアを含む**ドイツ語圏の呼称**だったため，**チェコ語のブルタバ**が使われるようになった。

発展 国民楽派

祖国愛をテーマにした**民族色**の濃い作品を書く作曲家を「**国民楽派**」と呼ぶ。スメタナは**チェコ国民楽派の創始者**といわれている。

① 作者と背景

①作曲者…**B. スメタナ**（1824 〜 1884）

　チェコ共和国西部のボヘミア地方出身。プラハでピアノと作曲を学んだあと，スウェーデンにて指揮者を務めた。のちに帰国して，オーストリアによる圧政の下で虐げられていた人々の**祖国への思い**をこめた民族色豊かな作品を書いた。

②**交響詩**…19 世紀中頃，物語などの文学的な内容や，自然の情景をオーケストラ（交響楽）によって自由な形式で表現する楽曲で，19 世紀中頃に成立した。「ブルタバ」は，全 **6 曲**より成る連作交響詩「**我が祖国**」の第 2 曲にあたる。

② 楽　譜

音楽

テストに出る 要点チェック ✓

□ 1.「帰れソレントへ」：どこの国の歌ですか。

□ 2.「帰れソレントへ」：ハ短調から何調に変わりますか。

□ 3.「ブルタバ」：作曲者とその出身国名を答えましょう。

□ 4.「ブルタバ」：オーケストラによって自然や文学的な内容を表現する楽曲を何といいますか。

解答

1. イタリア

2. ハ長調

3. 作曲者 **B. スメタナ**　国名　**チェコ**

4. 交響詩

9 箏　　曲『六段の調』

「六段の調」
☆☆☆

注意 検 校

目の不自由な音楽家などで組織された，当道と呼ばれる職業組合の中での最高位。

発展 平調子

「さくらさくら」，「荒城の月」（→ p.144）も**平調子**である。

発展 爪の形

流派によって爪の形が違う。生田流は角爪，山田流は丸爪で，それぞれ箏に対して座る角度も異なる。

お正月にはよく聞きますが、箏曲を一度じっくり鑑賞しましょう。

① 作曲者と背景

①**作曲者**…**八橋検校**（1614 ～ 1685）
※作曲者として伝えられている。

八橋検校は現在の福島県いわき市出身。もとは三味線の演奏家として**大坂**（現在の大阪）で活躍していたが，その後江戸へ出て箏（こと）を学び，新しい**調弦法**を確立するなど，**箏曲**の発展に大きな役割を果たした。

②**検 校**…役職の位の名。

③**平調子**…八橋検校が確立したとされる，箏の調子（**調弦**）。箏曲における最も**基本的**な調弦である。

◆平調子

（一をホ音にした場合）

糸（弦）の名称… 一 二 三 四 五 六 七 八 九 十 斗 為 巾

④**段**…曲の中の**部分**を表す。

⑤**段 物**…**箏曲**の形のひとつで，ひとつの曲がいくつかの段により構成される器楽曲。

器楽曲→楽器のみで演奏される曲のこと。

② 楽 曲

①**演奏形態**…箏による独奏。**三味線**や**尺八**とともに演奏されることもあり，これを**三曲合奏**という。

②**六段の構成**…**初段，二段，三段，四段，五段，六段**より成り，初段以外は，同じ**拍数**（104 拍）で作られている。初段は，導入部の 4 拍分だけ多い。

③**序破急**…日本の伝統音楽などで使われる**概念**。

「六段の調」は，**初段**ではゆっくりした速度で始まるが，段が進むにつれて徐々に速度があがっていく。曲が終わる手前で再び緩やかになり，**ゆったりと終止する。**

① 作曲者の役職，主な業績を覚えよう。
② 楽曲の構成を理解し，特徴的な部分の楽譜をよく見よう。
③ 箏の各部の名称や，奏法についてまとめよう。

発展 曲の構成

各段の出だしの特徴を覚えておく。三段の頭には特徴的な奏法「サーラリン」が現れる。

③ 楽譜と曲の構成

ヒ…引き色　후후…後押し

④ 箏の各部の名称

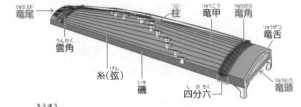

竜尾→　柱　竜甲　竜角
雲角　　　　　　　竜舌
糸(弦)　　　　　竜頭
磯　　四分六

注意 奏 法

箏の奏法の中で，「後押し」と「押し手」は混同しやすいので注意する。後押しは，弾いてから音に変化をあたえる奏法，押し手は弾くのと同時に押す（音を最初から上げて弾く）という違いがある。

⑤ 箏の奏法 →余韻の変化は，日本ならびにアジア諸国の音楽の大きな特徴でもある。

①引き色…右手で糸を弾き，左手で糸を柱に向かって引き寄せ，糸の張力を緩めて半音ほど下げてまた戻す。

②後押し…右手で弾き，左手で糸を強く押し音高を上げる。

③押し手…左手で糸を押すことで音の高さを上げる。

④サーラリン（裏連）…トレモロのあと，爪の裏側を使って高
→同じ音を素早く連続で弾くこと。
音から低音へと連続で速く弾く。

テストに出る 要点チェック ✓

☐ 1.「六段の調」の作曲者といわれているのは誰ですか。

☐ 2. 検校とは何ですか。
　　人名　役職名　地名　芸名

☐ 3.「六段の調」で用いられる箏の調弦法を何といいますか。

☐ 4. 箏の糸の下に挟んで立て，動かして調弦する物を何といいますか。

☐ 5. 最初はゆったりした速度で始まり，徐々に速度をあげていき，最後はとても速くなってから再びゆっくりに戻って終わる速度の変化の特徴を何といいますか。

解答
1. 八橋検校
2. 役職名
3. 平調子
4. 柱
5. 序破急

音楽

10 花／花の街

⚑ 「花」 ☆☆☆

発展 組歌「四季」

「花」は滝廉太郎が作曲した組歌「四季」の中の第1曲である。他は、第2曲「納涼」、第3曲「月」、第4曲「雪」となっている。

注意 昔の言葉

歌詞の中に現在は用いられなくなった言葉が出てくる。

① 作　者

①作詞者…武島羽衣（1872 ～ 1967）

　東京都出身。詩人、国文学者。

②作曲者…滝廉太郎（1879 ～ 1903）（→ p.144「荒城の月」参照）

② 歌詞と楽譜

①歌　詞

1	春のうららの <small>すみだがわ</small>	隅田川 <small>やわらかい日差しを受けている</small>	のぼりくだりの	船人が <small>ふなびと</small> <small>船人の</small>	
	櫂のしずくも <small>かい</small> <small>水をかいて船を進めるための道具</small>	花と散る	ながめを何に	たとうべき <small>たとえたらよいのだろうか</small>	
2	見ずやあけぼの <small>見てごらん 夜明け</small>	露浴びて <small>つゆ</small>	われにもの言う	桜木を	
	見ずや夕ぐれ	手をのべて	われさしまねく	青柳を <small>あおやぎ</small>	
3	錦おりなす <small>にしき</small> <small>美しい織物に見える</small>	長堤に <small>ちょうてい</small> <small>長い土手</small>	くればのぼる <small>日が暮れると</small>	おぼろ月	
	げに一刻も <small>本当にひとときさえも</small>	千金の <small>とても価値のある</small>	ながめを何に	たとうべき	

注意 変わっていく旋律

1番、2番、3番と繰り返しがあるが、それぞれ**旋律が違う**。

・2番の冒頭…低音が主旋律を歌う。

・3番の終わり…フェルマータがつき、印象的な上行形。

・「げにいっこくも」
これらは念を押すよう強調的なリズムの音符になる。

②楽　譜

＊変化していく旋律例。アは1番の冒頭、イは2番の冒頭、ウは3番の途中より。

③調と拍子…ト長調、4分の2拍子

④演奏速度…Allegro Moderato（程よく速く）、（♩ ＝ 60 ～ 66）

⑤曲中で用いられる記号

記　号	読み方	意　味
rit.	リタルダンド	だんだん遅く
a tempo	ア テンポ	もとの速さで
⌢	フェルマータ	音を程よくのばして

① 作曲者，作詞者の名前と主な業績は必ず覚えよう。
② 「花」は難しい言葉と，変化していく旋律をチェックしよう。
③ 「花の街」の曲の背景や作者の言葉はよく読み理解しよう。

② 「花の街」 ☆☆☆

発展 團伊玖磨
　團伊玖磨は随筆家としても活躍した。特に「パイプのけむり」は有名で，人々に親しまれた。

1 作者と背景

①作曲者…江間章子（1913～2005）（→ p.143「夏の思い出」参照）

　　新潟県出身。詩人。詩集「イラク紀行」の他，「夏の思い出」など歌曲の作詞も多い。

②作曲者…團伊玖磨（1924～2001）

　　東京都出身。オペラ「夕鶴」，混声合唱組曲「筑後川」を始め多数の作品がある。随筆家としても有名。

③曲の背景…江間章子は，第2次世界大戦後の日本で，美しく平和な未来の街を夢見ながらこの詩を書いた。

2 歌詞と楽曲

①歌　詞

注意 歌 詞
　歌詞の後半は繰り返しが多いが，その中で少しずつ変わって行く部分がある。

かけて行ったよ
→踊っていたよ
　→泣いていたよ

1　七色の谷を越えて	流れていく風のリボン	
輪になって	輪になって	かけて行ったよ
春よ春よと	かけて行ったよ	
2　美しい海を見たよ	あふれていた花の街よ	
輪になって	輪になって	踊っていたよ
春よ春よと	踊っていたよ	
3　すみれ色してた窓で	泣いていたよ街の角で	
輪になって	輪になって	春の夕暮れ
ひとり寂しく	泣いていたよ	

②調と拍子…ヘ長調，4分の2拍子

③演奏速度…Moderato（中ぐらいの速さで），（♩＝72～84）

テストに出る 要点チェック ✓

解答

□ 1.「花」：作曲者の書いた「花」以外の歌曲を答えましょう。

□ 2.「花」：次の歌詞の意味はそれぞれ何ですか。
　　①たとうべき　②見ずや

□ 3.「花の街」：作詞者，作曲者を答えましょう。

□ 4.「花の街」：1～2番の情景を答えましょう。
　　ア　幻想の情景　　イ　現実の情景
　　ウ　外国の情景　　エ　過去の情景

1.（例）荒城の月

2.①たとえたらよいのだろうか
　②見てごらん

3.作詞者　江間章子
　作曲者　團伊玖磨

4.ア

音楽

フーガ（小フーガ）ト短調

1 「フーガト短調」
☆☆☆

発展 サラリーマンだったバッハ

バッハの時代、音楽家は、主に宮廷や教会に仕えることで生計を立てていた。バッハも、演奏家、作曲家、音楽教師などの職業を兼任しながら薄給に耐え、家族を養うために働きながら、よりよい職場を求めてドイツ各地を転々とする生活だった。

発展 パイプオルガンの魅力

パイプオルガンで使用されるパイプは、長い物は10m以上に及ぶこともあり、その数も多いものは5,000本以上という巨大な楽器である。そのため、設置には礼拝堂やホールのように、広く、天井が高い空間が必要となる。その広い空間に長い残響音をともなって響き渡る壮大な音色が、この楽器の何よりの魅力となっている。

① 作曲者…J.S.バッハ（1685〜1750）

ドイツのアイゼナハ出身。バッハの家系は何十人もの音楽家を生んだ音楽一家で、彼自身も兄からオルガン（鍵盤楽器）の手ほどきを受けた。18歳頃になると、教会や宮廷に仕える専属の音楽家となり、ドイツの各地で活躍した。当時の音楽家は自作自演が基本で、バッハもそれぞれの職場で演奏するための曲を書き続け、生涯を通じて1,000曲以上もの膨大な作品を残した。

オルガン曲やチェンバロ曲などの鍵盤楽器のための作品、管弦楽曲、室内楽曲などの器楽曲、宗教音楽などの声楽曲と、楽曲の種類も多岐に渡り、その多くが今なお世界中で演奏され、親しまれている。またバッハは、それまでの時代に形作られてきた音楽の理論や構成法をまとめ上げ、音楽の基礎を築いた。

バッハは死後、長く忘れられていたが、メンデルスゾーンらの再発見があって現在に至る。

② 演奏楽器

・パイプオルガン…もともとオルガンはパイプオルガンのことを指していた。種類や長さの異なるパイプに空気を送り込むことで、多彩な音色を表現できる鍵盤楽器として、古くから用いられ発達してきた。もとは教会で礼拝のときに用いられる楽器だった。

◆パイプオルガンの外観と各部の名称

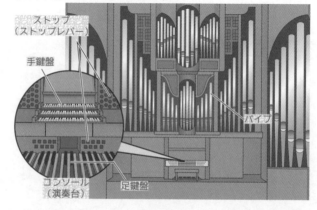

ストップ（ストップレバー）

手鍵盤

パイプ

コンソール（演奏台）

足鍵盤

① 作曲者の名前と出身国名，主な業績は必ず覚えよう。
② パイプオルガンの特徴，仕組みについて理解しよう。
③ フーガについてまとめ，楽譜で主題や応答をチェックしよう。

❸ 楽 曲

① **フーガ**…イタリア語で「**逃げる**」という意味。提示される主題に対し，それに似せた旋律である応答が追いかけるように，さまざまな声部で繰り返される形式である。

発展「フーガト短調」
「フーガト短調」では，ソプラノ，アルト，テナーの3つの声部をパイプオルガンの手鍵盤が担当し，バスのパートは足鍵盤で演奏する。パイプオルガンの足鍵盤は音高の幅が広く，両足を使って演奏しなければならない。そのため，演奏者がこの楽器を弾くためには，両手両足を使って演奏することになる。

② **「フーガト短調」**…ソプラノ，アルト，テノール，バスの4つの声部の重なりで構成され，それぞれの声部が互いに追いかけ合い，からみ合う中で，主題が複雑に展開されていく。
└ 多声音楽といわれる種類の音楽で，ルネサンスからバロック時代にかけて好まれた。
フーガ形式は，バロック時代に好んで用いられた。

③ **楽 譜**…冒頭で提示される主題（ト短調）に対し，4度低い応答（ニ短調）と呼ばれる旋律がまねをするように応える。その繰り返しで4つの声部が出そろう**第1部**と，主題がさまざまな調で自在に展開する**第2部**，バスのパートに再びト短調の主題が現れて荘厳に曲を閉じる**第3部**より成る。

パイプオルガンをじっくり鑑賞しましょう。

主題 ト短調

応答 ニ短調

主題 ト短調

応答 ニ短調 足鍵盤によって演奏される。

テストに出る 要点チェック ✓

「フーガト短調」について，答えましょう。

☐ 1．作曲者と出身国名を答えましょう。
☐ 2．演奏楽器を答えましょう。
☐ 3．何という形式で書かれていますか。
☐ 4．この曲で繰り返される，主な旋律を何といいますか。
☐ 5．いくつの声部に分かれた形で表現されますか。

解答
1. 作曲者 J.S.バッハ
　　国名　ドイツ
2. パイプオルガン
3. フーガ
4. 主題
5. 4

交響曲第5番 ハ短調

① 作曲者…L.v. ベートーヴェン（1770 ～ 1827）

・ドイツのボン出身。

・4歳頃→宮廷仕えの音楽家だった父親からピアノの手ほどきを受ける。

・7歳→ケルンで演奏家としてのデビューを果たす。

・21歳→ウィーンに移住し，ピアノ奏者として活躍しながら作曲を学ぶ。

・30歳頃→耳に異常をきたすようになり，聴力を失う。

・56歳→亡くなるまでの間，後世に残る作品を数多く書き続ける。9曲の交響曲，32曲のピアノソナタをはじめ，協奏曲や管弦楽曲，歌劇などの作品を残す。

日本では「楽聖」の呼び名が親しまれて使われてきた。

> すいすい暗記　ベートーヴェン作，究極の交響曲
> 全部で9曲の交響曲を書いた。
> 有名な「第九」が最後の交響曲。

発展　交響曲の名曲

聴いておきたい交響曲の名曲

ハイドン「第101番ニ長調（時計）」

モーツァルト「第40番ト短調」

ベートーヴェン「第6番ヘ長調（田園）」

ブラームス「第1番ハ短調」

ドヴォルザーク「第9番ホ短調（新世界より）」

チャイコフスキー「第6番ロ短調（悲愴）」

② 交響曲…大規模な楽曲のひとつ。

・管弦楽（オーケストラ）による演奏。

・複数の楽章（4楽章の場合が多い）から成る。

・多くはソナタ形式の楽章を含む。（主に第1楽章と最終楽章）

・オーケストラの発達とともに18世紀中頃に確立される。

・**オーケストラ（管弦楽）**…合奏形態のひとつ。

・弦楽器，金管楽器，木管楽器，打楽器により成る。

・現在の編成は18世紀後半～19世紀頃に確立される。

◆オーケストラの配置例

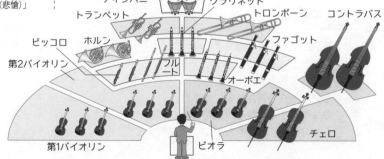

ティンパニー　クラリネット
トランペット　　　　トロンボーン　コントラバス
ピッコロ　ホルン　　　　　　ファゴット
第2バイオリン　　フルート　　ファゴット
　　　　　　　　　オーボエ
第1バイオリン　　ビオラ　　チェロ

① 作曲者の名前と出身国名，主な業績は必ず覚えよう。
② 交響曲の特徴，ソナタ形式についてチェックしよう。
③ 第1楽章の構成，2つの主題の現れ方をまとめよう。

2 「交響曲第5番 ハ短調」の楽曲構成☆☆☆

1 第1楽章…ソナタ形式，Allegro con brio（速く，いきいきと）

アレグロ コン ブリオ

①提示部→2つの主題が順に示される。

②展開部→主題が展開される。

③再現部→主題が再び現れる。

④コーダ→主題が展開されつつ，曲が締めくくられる。

音楽

発展 全曲を通して現れる「リズムの動機」

第1楽章の冒頭に用いられ，主題にもなっている，

$$\frac{2}{4}$$

というリズムの動機は，この交響曲のすべての楽章で用いられている。これは，作曲者が「運命が扉をたたく音」と語ったとされる動機である。

2 第2楽章…主題と変奏，Andante con moto（ゆっくり歩くような速さで，動きをつけて）より，2つの主題。

アンダンテ コン モート

主題① ヴィオラ，チェロ　　　　　主題② クラリネット，ファゴット

3 第3楽章…複合三部形式，Allegro（速く）より，リズムの動機。

アレグロ

ホルン

4 第4楽章…ソナタ形式，Allegro より，2つの主題。

第3楽章より，切れ目なく続く。

第1主題（すべての楽器）　　　第2主題 第1ヴァイオリン

テストに出る 要点チェック ✓

「交響曲第5番ハ短調」について，答えましょう。

□ 1．作曲者を答えましょう。

□ 2．第1楽章に使われている楽曲形式は何ですか。

□ 3．2．で，重要な2つの旋律をそれぞれ何といいますか。

□ 4．2．で，3．の旋律が最初に示される部分と，最後にもう一度現れる部分の名称を順に答えましょう。

□ 5．この曲の演奏形態を答えましょう。

解答

1．ベートーヴェン

2．ソナタ形式

3．第1主題，第2主題

4．提示部，再現部

5．オーケストラ

13 歌舞伎『勧進帳』／能『羽衣』

1 歌舞伎☆☆☆

注意 使う楽器

・大鼓は「おおつづみ」と読む。太鼓（たいこ）と混同しやすいので要注意。

・囃子は小鼓，大鼓，笛から成り，三味線は含まない。

① **歌舞伎の起源**…江戸時代に生まれた。1603年，出雲のお国が始めた舞台興行「かぶき踊」が起源とされる。

② **歌舞伎**…歌（音楽），舞（舞踊），伎（演技）が一体となった演劇。

①歌…長唄（「勧進帳」で用いられている），義太夫節，常磐津節，清元節などがある。

　「勧進帳」の長唄は，唄，三味線，囃子（小鼓，大鼓，笛より成る）で演奏される。

②舞…役者によって劇の途中で演じられる。「勧進帳」では，武蔵坊弁慶が「延年の舞」を踊る。

③伎…言葉の緩急，抑揚，間など，歌舞伎の独特のせりふ回し。役者によって演じられる独特な型を持った，「見得」や「六方」などの特徴的な動きもある。
「六法」と書く場合もある。

発展 見得と六方

・「見得」…目を大きく見開いてにらむような顔つきをする演技。

・「六方（六法）」…東西南北と天地の六方向に向かって手足をのばして動かしながら歩く，歌舞伎独特の様式。「勧進帳」では，弁慶が退場する際に，左右片足で飛びながら進む「飛び六方」を演じる。

③ **勧進帳**…兄の頼朝に追われた源義経の一行が，京の都から逃れて行く途中，安宅の関での出来事を物語にしたもの。**主君の義経を思う弁慶の機転と活躍**を描いている。

1. 山伏姿に変装した義経一行は，安宅の関に到着する。
　　山にこもって修行する修行僧。

2. 弁慶は白紙の巻物を勧進帳と偽り，そらで読み上げる。
　　　　　　　　　　　お寺を建てる寄付金集めのための趣旨を書いた巻物。

3. 強力姿を疑われた義経を，弁慶は金剛杖で打ちつけて，この
　　荷物持ち＝山伏たちよりいやしい身分。
者は強力だと言い張る。

◆勧進帳

4. まだ疑う関守の富樫に殺気立つ四天王を，弁慶は押しとどめる。
　　　　　　家来。

5. 弁慶の主君を思う心にうたれ関所を通した富樫左衛門に応えて，弁慶は「延年の舞」を舞う。

6. 全員の無事を見届けた弁慶は，飛び六方で退場する。

① 歌舞伎，長唄，見得や六方などの知識は正確に覚えよう。
② 物語を理解し，登場人物とあらすじをまとめよう。
③ 能の歴史，シテ，ワキ，地謡，囃子などの用語をチェックしよう。

2 能☆☆☆

発展 能「羽衣」のあらすじ

三保の松原の漁師，白竜（ワキ）は，ある春の朝，松の枝に掛かった美しい衣を見つけ持ち帰ろうとするが，そこへ天人（シテ）が現れ，衣を失くしては天界に帰れないと嘆き悲しむ。始めは頑なに拒んでいた白竜も，しまいには気の毒になり，衣を返す代わりに天界の舞を見せて欲しいと頼む。天人は喜び，衣を着て天界の舞（東遊）を舞い，富士山の霞とともに天に上って行った。

① 能の歴史

①能…日本の伝統的な芸能のひとつ。**音楽，舞踊，演技**などが組み合わさった歌舞劇である。

②歴史…室町時代の初め頃，観阿弥，世阿弥親子によって基本的な形が整えられ，江戸時代には幕府による儀式のための，**式楽**（儀式に用いる音楽や舞踊）として用いられていた。

② 能の音楽

①地謡…8人編成で，主役の気持ちや情景などを描写した謡を，斉唱で表現する。

②囃子…笛（能管），小鼓，大鼓，太鼓より成り，地謡の伴奏をしたり，舞の音楽を演奏したりする。

③ 能の登場人物

①シテ…能の主人公の呼称。謡，演技，舞すべてを演じる能の舞台において最も重要な役割で，多くの場合，面をかけて演じられる。

②ワキ…シテの相手役の呼称。面はかけずに演じられる。地味な役柄と装束である。

◆能舞台

揚幕　橋掛リ　目付柱　客席　客席　囃子　地謡

④ 能の舞台

能舞台という，能専用の舞台で演じられる。能舞台を収めた建物が能楽堂である。

すいすい暗記 能舞台，主役はおもて（面）ですまシテる。
→能で面をつけるのは主役，主役はシテと呼ばれる。

テストに出る 要点チェック✓

□ 1．江戸時代に生まれ，音楽，舞踊，演劇が組み合わさった総合芸能を何といいますか。

□ 2．「勧進帳」：中心的な登場人物を3人答えましょう。

□ 3．「勧進帳」：用いられる音楽を答えましょう。

□ 4．能舞台での主役，脇役のことをそれぞれ何といいますか。

解答

1．歌舞伎
2．（武蔵坊）弁慶，（源）義経，富樫（左衛門）
3．長唄
4．主役 シテ　脇役 ワキ

音楽

14 　雅　　楽『越天楽』

1 ▷雅楽の種類
☆☆☆

箏曲「六段の調」(p.152)

発展　雅楽の用語だった「序破急」
でも学習した「序破急」は，本来は雅楽における用語で，「序」「破」「急」が別々の単語として曲の中の部分を示す言葉だった。その後，能楽や歌舞伎などの音楽を始め，茶道や剣術など，日本のあらゆる芸能や文化に通ずる概念として用いられる言葉となっていった。

雅楽は日本古来からの芸術です。管弦，舞楽ともにまとめておこう。

1 雅楽の種類
①管弦，舞楽…5〜9世紀，古墳時代から奈良時代にかけて，アジアの各地から伝えられた音楽を起源とする音楽。

②歌，舞（国風歌舞，上代歌舞）
・神楽歌，東遊…日本古来の，儀式のための，音楽に基づいた歌や舞。

③声楽曲…平安時代に日本で作られた歌。

2 管　弦…楽器の演奏のみによって演じられ，舞はつかない。
平安時代，楽器演奏や舞を教養の一部とした貴族たちが，舞楽の舞をともなわずに曲だけを演奏したのが始まり。

吹物（管楽器），弾物（弦楽器），打物（打楽器）より成り，それぞれの楽器の音色や特徴を活かし，ゆったりとしたテンポで演奏する。

3 舞　楽…舞楽は宮廷の儀式や年中行事で行われた。
①音　楽…吹物，打物のみで演奏される。

②舞…左舞と右舞とに分けられる。

・左　舞…音楽は中国などから伝来した「唐楽」。赤色系統の装束をつけて舞われる。
　　　中国起源の音楽。

　　　現在の管弦では，この唐楽の曲のみが演奏されている。

・右　舞…朝鮮半島から伝わった「高麗楽」。緑色系統の装束をつけて舞われる。
　　　朝鮮半島起源の音楽。

◆左舞と右舞

左舞　　　装束は赤色系統　　　右舞　　　装束は緑色系統

① 雅楽の歴史と種類についてよく理解しよう。
② 越天楽に用いられる楽器の名前と形状を覚えよう。
③ 管弦の楽器について，個々の役割をまとめよう。

2 雅楽の楽器
☆☆☆

1 管弦の楽器とそれぞれの役割

吹物	篳篥	葦のリードがついた竹製の管楽器で，力強い音色で旋律を奏する。
	竜笛	竹製の横笛。高音域で装飾的な旋律を吹く。
	笙	細い竹を束ねた楽器で，吹いても吸っても音を出すことができ，和音を奏する。
弾物	琵琶	4本の糸（弦）を張り，ばちで弾く。
	箏（楽箏）	爪をつけた指で13本の弦を弾く。一定の音型を演奏し，拍を明確にさせる役割を持つ。
打物	鞨鼓	左右から両面を打つ太鼓で，一定のリズムパターンを繰り返して全体のテンポをリードし，速度や終わりの合図で合奏全体をまとめる。
	太鼓	大きな太鼓。
	鉦鼓	金属製の打楽器で，ともに2本のばちでたたき，リズムパートを彩る。

発展 管弦の楽器
琵琶は楽琵琶，太鼓は釣太鼓とも。

発展 管弦の楽器編成
管弦を演奏する際には，吹物は1つの楽器をそれぞれ3人ずつ，弾物は2人ずつ，打物はそれぞれ1人ずつの計16人編成で演奏される。

◆雅楽の楽器

竜笛　篳篥　笙　吹物
弾物　琵琶　箏
打物　太鼓　鞨鼓　鉦鼓

2 雅楽「越天楽」平調 →作者不詳。竜笛に始まり，順に楽器が加わる。

「越天楽」は，管弦のみで演奏される。

テストに出る 要点チェック ✓

☐ 1. 雅楽のうち，5〜9世紀にかけて，アジア各地より伝えられた音楽を起源とするものを2つ答えましょう。

☐ 2. 雅楽で用いられる楽器の種類を3つ答えましょう。

☐ 3. 舞楽のうち，音楽に唐楽が用いられ，赤色系統の装束をまとって舞われるものは何ですか。

☐ 4. 雅楽に用いられる楽器で，和音を奏するものを答えましょう。

解答
1. 舞楽，管弦
2. 吹物，打物，弾物
3. 左舞
4. 笙

15 日本と世界の郷土芸能

図でおさえよう　◆日本のおもな伝統芸能

長崎くんち（長崎県）

アイヌ古式舞踊

佐渡の人形芝居

大日堂舞楽　早池峰神楽

青森ねぶた祭

青森ねぶた祭（青森県）

高山祭

尾口のでくまわし

越前万歳

因幡の傘踊リ

佐陀神能

岩国行波の神舞

祇園祭

博多祇園山笠

唐津くんち

秋保の田植踊

檜枝岐歌舞伎

山あげ行事

日立風流物

安中中宿の燈篭人形

佐原の大祭

神田祭

長浜曳山まつリ

チャッキラコ

秩父祭

天神祭

淡路人形浄瑠璃

備中神楽

長崎くんち

綾子踊

よさこい祭リ

阿波おどリ

伊予神楽

八代妙見祭

エイサー

阿波おどリ（徳島県）

---

①日本の郷土芸能☆☆

注意　日本の郷土芸能
・「よさこい祭り」（高知県）
・「天神祭」（大阪府）
・「エイサー」（沖縄県）

①祇園祭（京都府）…平安時代より続く京都の八坂神社の祭りで，7月に1か月をかけて行われる。山鉾の巡行が有名。

②阿波おどり（徳島県）…日本を代表する有名な盆踊り。「連」と呼ばれる集団になった踊り手たちが踊りながら街を練り歩く。

③長崎くんち（長崎県）…長崎市の諏訪神社の祭り。オランダや中国など，異国情緒豊かな芸能が演じられる。大きく長い龍を10人で操る「龍踊」が有名。

① 有名な祭りや踊り，自分の住む地域の祭りには特に注意しよう。
② 漢字は正しく覚え，特徴的な祭りや踊りの写真もよく見てチェックしよう。
③ 世界の有名な郷土芸能の名称や楽器を写真を見ながら覚えよう。

2 世界の諸民族の音楽☆☆

発展 世界の諸民族のさまざまな楽器

・シタール…棹の中に仕組まれた共鳴弦によって，他にない独特の余韻のある響きが生み出されるインドの弦楽器。古典音楽からポップスまであらゆる音楽をこなす，北インドを代表する楽器。

・ズルナ…トルコの軍楽隊が用いる2枚リードの管楽器で，行進にふさわしい大音量で鳴り響く。

・ツィンバロム…ロマの音楽で用いる弦楽器の一種で，数多く張られた金属弦を2本のばちでたたいて鳴らす，ピアノの前身ともいえる楽器。

・チャランゴ…ボリビアなどアンデス地方の弦楽器。小さいが10本の弦を張り，とても素早いストロークで演奏される。かつてアルマジロの甲羅で作られていた事でも知られる（現在は木製がほとんど）。

①ジンジュ（中国）…京劇ともいう。中国の伝統的な音楽劇。役柄の性別や年齢に合わせたさまざまな発声法がある。

②メヘテルハーネ（トルコ）…トルコの軍楽隊。管楽器や打楽器による演奏は，西洋のブラスバンド誕生のきっかけとなった。

③ロマの音楽（ハンガリーなど）…ヨーロッパの少数民族，ロマの合奏。ヴァイオリンやツィンバロムなどの楽器が用いられる。

④ヨーデル（スイスなど）…ティロル地方の伝統的な歌唱法で，**裏声と地声を交えて素早く切り替える歌い方**が特徴。

⑤マリアチ（メキシコ）…ヴァイオリン，トランペット，音高の違う大小さまざまの**ギター**により成る，メキシコ**大衆音楽の楽団**で，独特の明るく陽気な音楽を奏でる。

◆世界の諸民族の音楽

①ジンジュ 　②メヘテルハーネ

③ロマの音楽 　④ヨーデル 　⑤マリアチ

音楽

テストに出る 要点チェック ✓

□ 1．「連」と呼ばれる踊り手集団が街を練り歩く盆踊りは何という祭りですか。

□ 2．「長崎くんち」で行われる，大きな龍を用いた踊りを何といいますか。

□ 3．①ティロル地方の伝統的歌唱法，②北インドの代表的な弦楽器を，それぞれ何といいますか。

解答

1．阿波踊り
2．龍踊
3．①ヨーデル
　　②シタール

16 日本と西洋の音楽史

1 世界の音楽史

参考 楽譜の広まり
ルネサンス期には印刷楽譜が流通するようになり，曲は広く演奏されるようになる。

参考 国民楽派
民族主義の立場に立つ音楽流派。ムソルグスキー，リムスキー・コルサコフ，スメタナ，ドヴォルザークなどがいる。

発展 ミュージカルなどの音楽
現代では，ミュージカルや映画，ポピュラー音楽など，音楽が用いられる場面が広がっている。おもなミュージカルに「サウンド オブ ミュージック」，映画「スター ウォーズ」，ポピュラー音楽にビートルズの楽曲などがある。

① **古代**…古代ギリシャには「**ムーシケー**」という考え方があった。音楽や詩を総括する概念で，英語の「**Music**」の語源となっている。

② **中世**…カトリックの教会で行われる儀式などで歌われるグレゴリオ聖歌が生まれた。グレゴリオ聖歌にはのちに新たな声部が加えられ，オルガヌムなどの多声音楽が生まれた。

③ **ルネサンス**…均整のとれた多声音楽が発展。

④ **バロック**…宮廷音楽が盛んになり，オペラが生まれた。多声的な音楽の技法が発達し，器楽が発展した。代表的な音楽家は**ヴィヴァルディ**，**J.S. バッハ**，**ヘンデル**，など。

　ヴィヴァルディ　　J.S.バッハ

⑤ **古典派**…ソナタ形式が完成して，交響曲などが多く作られた。代表的な音楽家は**ハイドン**，**ベートーヴェン**，**モーツァルト**など。

　ベートーヴェン　　モーツァルト

⑥ **ロマン派**…人間の感情など，心を自由に表現することが重視された。また，**民族音楽**が盛んになり「**国民楽派**」の音楽が現れた。代表的な音楽家は**シューベルト**，**ショパン**，**ヴェルディ**，**スメタナ**など。また，19世紀後半には従来のロマン派とは異なる特徴をもった作品が多数生まれた。

　シューベルト　　ショパン

⑦ **現代**…電子音や環境音などを取り入れた，新しい音楽が現れる。

① 西洋の音楽の歴史と，音楽の特徴を整理しよう。
② 代表的な音楽の音楽家の名前を正確に覚えよう。
③ 日本の伝統的な音楽とその特徴を理解しよう。

2 日本の音楽史

① **平安時代**…平安時代以前に**中国**や**朝鮮半島**から伝わった舞楽や楽器などが広まり，**左舞**や**右舞**の形ができる。管弦の様式が確立する。

② **室町〜安土・桃山時代**…**観阿弥**，**世阿弥**親子によって「**能**」の形が整う。

③ **江戸時代初期**…**浄瑠璃**に**三味線**が用いられ始める。**出雲のお国**が「**かぶき踊**」を演じたと伝えられる。**箏曲**の基本が**八橋検校**によって確立する。

④ **江戸時代中期**…大阪で生まれた**文楽**（人形浄瑠璃）が大流行する。

 ①**文楽の特徴**…聴き手に物語を伝える「**太夫**」，と三味線の演奏で構成される「**義太夫節**」にあわせて人形遣いが人形を動かす。人形は3人で1対を動かす。

 ②**文楽の音楽**…義太夫節は**竹本義太夫**がつくった音楽。**近松門左衛門**の台本を抑揚をつけて語って聞かせるもの。

 ⑤**江戸時代後期**…**長唄**が全盛となる。調弦法による箏曲が生まれる。

 ⑥**明治〜昭和初期**…**西洋の音楽**が教育などの場面でも積極的に取り入れられるようになる。また，ラジオやレコードなどが普及し，日本各地の**民謡**や**歌謡曲**が全国に広まる。

発展 文楽の人形遣い
　文楽で3人で1対の人形を動かすことを「**三人遣い**」という。
・**主遣い**…人形のかしら，右手を担当する。
・**左遣い**…人形の左手を担当する。
・**足遣い**…人形の足を担当する。

音楽

テストに出る 要点チェック ✓

□ 1．オペラが生まれたのはどの時代ですか。
□ 2．ソナタ形式が完成したのはどの時代ですか。
□ 3．文楽で物語を聞かせる役割をするのはだれですか。
□ 4．義太夫節をつくったのはだれですか。
□ 5．江戸時代に箏曲を確立させたのはだれですか。
□ 6．5が考察し，箏曲の基礎となったものは何ですか。

解答
1．バロック
2．古典派
3．太夫
4．竹本義太夫
5．八橋検校
6．調弦法

1 色の基礎知識，技法

図でおさえよう

◆色の三要素
と色相環

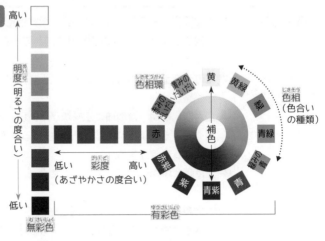

高い

明度（明るさの度合い）

低い

色相環

低い　彩度　高い
（あざやかさの度合い）

無彩色

色相（色合いの種類）

黄　黄緑

橙　緑

赤　青緑

補色

赤紫　青

紫　青　青

青紫

有彩色

🚩 色の仕組み

☆☆☆

参考　色立体
　色の三要素におけるすべての色の関係は，三次元の立体で表すことができる。これを，**色立体**と呼ぶ。

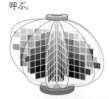

参考　色の対比の一例
明度対比

同じ明度の色であっても，背景によって明るさが違って見える。

① **色の三要素**…色のもつ属性。色の三要素と呼ぶ。　←色の三属性ともいう。

　①**色　相**…色み，色合いの違い。

　②**明　度**…色の明るさの度合い。

　③**彩　度**…色のあざやかさの度合い。

② **有彩色と無彩色**　→色は有彩色と無彩色に分けられる。

　①**有彩色**…色みがあり，色の三要素をすべてもつ。

　②**無彩色**…彩度と色相がなく，**明度**だけをもつ。
　　　　　　└白黒（モノトーン）の色が無彩色である。

③ **色相環**…色相が近い色を順番に並べて輪の形にしたもの。

　・**補色**…色相環の中で，反対側に向き合った色の関係。

　　　補色の関係にある色同士は，互いの色相が最も離れている

　　ため，並べるとお互いを強く引き立たせる。

④ **色の感じ**…色が与える，暖かい，寒いなどの印象。

　①**暖　色**…赤，だいだいなどの色。

　②**寒　色**…青，水色などの色。→明度の高い色は軽い感じを与える。

⑤ **色の対比**…同じ色でも背景により印象が変わること。

　①**明度対比**…背景の明度により明るさの印象が変わる。

　②**彩度対比**…背景の彩度によりあざやかさの印象が変わる。

　③**色相対比**…背景の色相により色みが違って見える。

① 色の三要素と，それぞれの特徴をまとめよう。
② 色相環を作る 12 の色を，順番を理解しながら覚えよう。
③ さまざまな技法を覚えよう。

2 混色と三原色 ☆☆☆

① 三原色…混色で作り出せない色であり，次の2種類がある。

①色の三原色…マゼンタ，イエロー，シアン
色料の三原色ともいう。　赤紫。　　　黄色。　　　緑みの青。

・**減法混色**…混ぜる色が増すほど彩度や明度が下がり，黒に近づくこと。

②光の三原色…レッド，グリーン，ブルー
黄みの赤。　　緑。　　　紫みの青。

・**加法混色**…混ぜる色が増すほど明度が上がり，**無色透明**（白色光）に近づくこと。

注意 光の三原色では，色の三原色のイエロー（黄）にあたる色がグリーン（緑）であることに注意。

・**コレ重要**・

☞ 混色するほど色の三原色は黒に，光の三原色は透明に近づく。

3 さまざまな技法 ☆☆☆

① さまざまな技法

参考 その他の技法
　ドリッピングで垂らした絵の具を口やストローで吹くと，絵の具が流れて模様になる。これを**吹き流し**という。絵の具をつけた紐を2つ折りにした紙に挟んで引き，糸が動いたあとを表現に用いる**ストリング**（糸引き絵）という技法もある。

コラージュ
素材を，組み合わせを考えバランスよく貼りつけて表現する。

デカルコマニー
絵の具を紙に挟み，上からこすって偶然の模様を写し取る。

フロッタージュ
凹凸のある物の表面の模様を色鉛筆などで紙の上にこする。

ドリッピング
濃く溶いた絵の具のしずくを落とし，できた形を表現に使う。

スパッタリング
濃く溶いた絵の具を金網につけ，こすって霧状に散らす。

マーブリング
絵の具を水面に流し，できた模様を，浮かべた紙に写す。

美術

テストに出る 要点チェック ✔

☐ 1. 色の三要素を答えましょう。

☐ 2. 有彩色にあって無彩色にない要素は何と何ですか。

☐ 3. 色相環で互いに向き合う色の関係を何といいますか。

☐ 4. 光の三原色は，レッド（黄みの赤），ブルー（紫みの青）と，もう1つは何ですか。

☐ 5. 絵の具をつけた筆を金網にこすりつけ，霧状になった絵の具を紙にまき散らして表現する技法を何といいますか。

解答

1. 色相，明度，彩度

2. 色相，彩度

3. 補色

4. グリーン（緑）

5. スパッタリング

月　日

2 スケッチ

1 鉛筆・ペンで描く☆☆☆

参考 鉛筆の芯の種類

芯の硬さにはいくつかの種類があり，芯がやわらかいほど濃淡の表現がしやすくなる。

芯の種類	硬さ
9H ⋮ H HB B 2B ⋮ 6B	硬い ↕ やわらかい

＊H は Hard（ハード），B は Black（ブラック）を意味している

参考 明暗の差

あらかじめ手元に明暗の段階を描いておくことで，作品全体の明暗のバランスを取るための指標にできる。

参考 鉛筆の削り方

描画をするときの鉛筆は，芯の硬さの他，削り方も表現のための大切な要素となる。細く尖らせた削り方は鉛筆を立てて描く細かい表現に，先が丸く太めの削り方はやわらかいタッチや面の表現に向いている。

1 鉛筆で描く…身近な画材だが，多彩な表現の技法がある。

・**タッチ**による表現

①**鉛筆を立てて描く**…細かい部分を描くのによい。

②**鉛筆を寝かせて描く**…色塗りや影の表現によい。

③**指でこすってぼかす**…やわらかい印象になる。

④**消しゴムで白くする**…明るい部分の表現に使う。

⑤**ハッチングで描く**…明暗や濃淡を細かな平行線による網目で表現する技法。

◆タッチによる表現

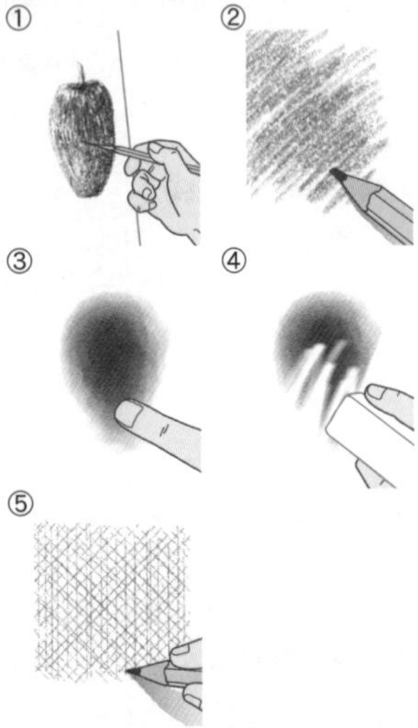

・**明暗**による表現

調子をつけて表す

ハッチングで表す

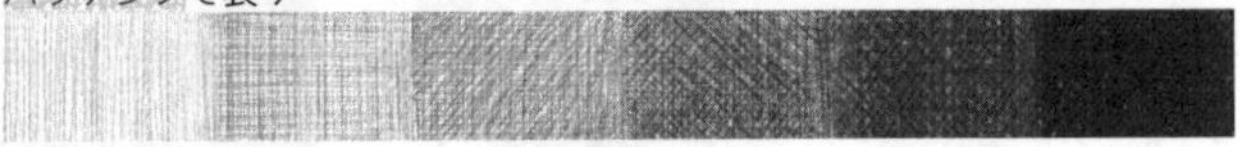

2 色鉛筆で描く→水に溶けて，にじませたりできる水彩色鉛筆もある。

寝かせて線を残さず均一に塗る描き方や，筆圧の強弱により濃淡をつける描き方，**ハッチング**のように線を残して塗る描き方などがある。重ね塗りで新しい色も表現できる。

3 ペンやマーカーで描く

太さの違うペンやマーカーを組み合わせて表現したり，複数の色を重ねて混色したりできる。重ね塗りは，明るい色を先に塗ると，筆先が汚れにくく混色の効果も出やすい。

4 パステルで描く

顔料の粉を固めた画材。線を残し背景色を活かす表現の他，指などでこするとやわらかい**ぼかし**の表現もできる。

得点
アップ
UP

① 鉛筆の色々なタッチの表現と，その特徴を覚えよう。
② 絵の具の表現方法についてまとめよう。
③ 絵の具の重ね方の違いに注意し，覚えよう。

② 水彩絵の具の表現方法 ☆☆☆

参考 筆の種類

穂先の形によって，表現の幅が広がる。

丸筆

細筆

平筆

面相筆

参考 筆はこまめに洗う

筆を使うときは，色を変えるたびに水でよく洗い，新しい色を作るときの水はきれいなものを使うことで，色のにごりを防ぐ。

参考 パレットの使い方

広い面を混色で塗るときは，大きな仕切りで多めに混色を作る。混色が定まらなく，新しく混ぜるときは，必ず試し塗りをする。

① 水彩絵の具の表現方法

①筆の種類…表現したいものに合わせて筆を使い分ける。

②水の量…筆の穂先に含ませる水の量の違いで，さまざまな表現ができる。

水の量

少ない ──────────→ 多い

③絵の具に重ねて塗る…紙に塗った絵の具に手を加えることで，さまざまな表現ができる。

・ぼかし…塗った**絵の具の上**を，水を含ませた筆でなぞる。

・にじみ…絵の具や水を塗っておき，乾く前に上から**別の色**をのせる。

・ドライブラシ…乾いた筆に絵の具をつけ，**少ない水分**で描く。

ぼかし　　　　にじみ　　　　ドライブラシ

④**混色と重色**…パレットの上で絵の具を混ぜるのが**混色**，紙の上で塗り重ねるのが**重色**。

美術

テストに出る 要点チェック ✓

□ 1. 鉛筆で細かい平行線を描いたり，それを交差させることで濃淡を作り出す技法を何といいますか。

□ 2. 先端が平らになっている筆を何といいますか。

□ 3. 乾いた筆に絵の具をつけるなど，水分の少ない水彩画の技法を何といいますか。

□ 4. 前の絵の具が乾く前に上から絵の具を重ねる技法を何といいますか。

解答
1. ハッチング
2. 平筆
3. ドライブラシ
4. にじみ

3 遠近法，動画作品

1 遠近法☆☆☆

参考 **北斎版画に描かれた遠近感**

北斎は，物や人の配置を前後に重ねたり，近くにあるものは大きく，遠くにあるものは小さく描いたりすることで，遠近法の手法を用いずに奥行きや遠近感のある画面を作り出している。

① **遠近法**…奥行きや遠近感のある空間を描くための技法。

② **線遠近法**…奥行きのある平行線（道，建物の壁など）を，**水平線上の点に向かって集まって行くように描く技法**。この水平線上の点を**消失点**という。

① **一点透視図法**…すべての物が **1 つの消失点**に集まるように描
　道路や線路などの奥行きを表現する。
　かれる透視図法。

② **二点透視図法**…水平線上の**左右の両端に 2 つの消失点**をもつ
　斜めから見た建物を表現する。
　透視図法。

③ **三点透視図法**…左右の 2 点に加え，上下のどちらかに **3 つめ**
　タワーの高さなどを表現する。
　の消失点をもつ透視図法。

　　見上げる場合と**見下ろす場合**とで 3 つめの消失点の位置が

　　変わる。

①一点透視図法　　　　　　　　　　②二点透視図法

水平線　　　　　　　　　　　　　　　　　　　　水平線

消失点　　　　　　　消失点

③三点透視図法

水平線

消失点　　　　　　　消失点

p.188 の「モナ・リザ」も空気遠近法が使われていますね。

③ **空気遠近法**…近くの物は濃くはっきりと，遠くの物は淡くぼんやりと描くことで，遠近感を表現する技法。

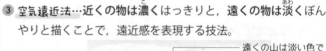

遠くの山は淡い色で表現されている

近くの山は濃い色で表現されている

① 遠近法の種類とその内容をまとめよう。
② それぞれの遠近法を用いた簡単な図が描けるようにしよう。
③ 動画作品をつくるときの注意点をまとめよう。

② 動画作品☆☆

注意 権利を守ってつくる

撮影をするときは，撮影禁止の場所で行わないように注意する。また，人には「肖像権」があり，人の顔を無断で撮影することはできない。

ほかの人の映像作品や写真，音楽などは「著作権」で守られているため，作った人に無断で使用してはいけない。

① 動画作品

①企　画…どのような目的で，何を見せたいのか，どう伝えたいのかを考えることが大切。

・テーマ，ストーリー，登場人物，撮影場所などを決めたら，構成台本やシナリオを準備する。構成台本は，動画の設計図のようなものなので，ストーリーがどのように展開するかや，撮影時間なども細かく書き込んでおく。

②撮　影…監督，撮影者，演技者などの役割にわかれる。撮影に必要な機材を用意したら，構成台本にしたがって，場面ごとに撮影をする。

・機　材…カメラ，三脚，タブレットなどの機材を使う。
・撮影の技術…基本となる3種類のショットを覚えておく。

ロングショット	ミディアムショット	アップショット
撮影している対象がどこにいるかがわかる程度のショット。	人物の行動，しぐさなどまでがわかる程度のショット。	撮影している対象の表情がわかる程度のショット。

③編　集…動画編集のためのソフトウェアを使って，撮影した映像を切ったり，つないだりする。音やナレーション，テロップを入れる。

美術

テストに出る 要点チェック☑

☐ 1. 遠近法のうち，色の濃淡を利用した方法を何といいますか。

☐ 2. 水平線上の点に向かって集まるように描く遠近法は何ですか。

☐ 3. 2.の遠近法で，平行線が最終的に1点に集まる水平線上の点のことを何といいますか。

☐ 4. 3.が水平線上に左右2つある遠近法を何といいますか。

☐ 5. 人物の表情までわかるショットを何といいますか。

解答

1. 空気遠近法
2. 線遠近法
3. 消失点
4. 二点透視図法
5. アップショット

文字のデザイン

① レタリング
☆☆☆

参考　身近にあるレタリング

新聞や雑誌，ダイレクトメールなどには，レタリングのアイデアが詰まっているので，切り取ってスクラップしておくとデザインの役に立つ。パソコンの文字入力に用いられるフォントにも豊富な字体がそろっているので，レタリングのよい参考になる。

参考　江戸文字

日本では，江戸時代にさまざまな形の字体が職業ごとに発達，流行した。これらは**江戸文字**と呼ばれ，歌舞伎や落語の看板に用いられる**芝居文字**や，相撲の番付表に並ぶ**相撲文字**などは現在も広く人々に親しまれている。

芝居文字

江戸文字

籠文字

江戸文字

相撲文字

江戸文字

① 主なレタリングの書体

① **明朝体**…横の線は細く，縦の線は太いのが特徴。書道の筆運びのような「はね」や「払い」が見られる他，「うろこ」と呼ばれる独特な飾りがつく。新聞や本などに用いられる。

② **ゴシック体**…縦横の線がほとんど同じ太さである。また，線の端に明朝体のような飾りがなく，切り落とされたようになっている。ポスターなどに用いられる。

③ **ローマン体**…アルファベットにおける最も基本的な書体のひとつで，線の端に「セリフ」と呼ばれる飾りがついている。

④ **サンセリフ体**…ローマン体と並ぶアルファベットの最も基本的な書体のひとつで，線の端は切り落とされた形をしている。セリフと呼ばれる飾りがつかないのが特徴である。ゴシック体は明治時代にこの書体をもとに考案された。

→サンセリフとは，セリフ（飾り）がないという意味である。

→文字の太さは，W1（細）〜W9（太）で表される。かつては，L（細）〜B（太）が一般的だった。

◆明朝体

あいうアイウ月火水

◆ゴシック体

あいうアイウ月火水

◆ローマン体

ABCD abcd 12345

この部分を「セリフ」という。

◆サンセリフ体

ABCD abcd 12345

① レタリングの主な書体の名前と特徴を覚えよう。
② レタリングの主な書体で文字をかく練習をしよう。
③ 文字のバランスについて身近なものでチェックしよう。

参考 **永字八法**

　元々は書道の言葉である。「永」という字には，漢字を書くために必要な8種類の技法がすべて含まれているため，これらの技法は**永字八法**と呼ばれる。レタリングでは，特に明朝体において重要になる。

② **漢字の書体の主な構成要素**

◆明朝体の構成要素

◆ゴシック体の構成要素

③ **文字のバランス**…**漢字**と**かな**が混ざっている場合は，かなを小さく書くとバランスが取れる。文字と文字の間のスペースを調整することを**スペーシング**という。アルファベットの配置では特にスペーシングが重要。

ARTIST
ARTIST
ARTIST

アルファベットの例
上から，同じ大きさの枠に入れたもの，文字と文字の間のスペースを同じにしたもの，スペーシングを整えたもの。

美術

テストに出る　要点チェック✓

☐ 1. 次の字体の名前をそれぞれ答えましょう。
　①デザイン　　②デザイン　　③ Design

☐ 2. 日本語の書体の中で，主にポスターや見出しに用いられるのは1.の①～③のうちのどれですか。

☐ 3. アルファベットの書体で，日本のゴシック体が考案されるもとになった書体は何ですか。

☐ 4. 文字と文字の間のスペースを調整することを何といいますか。

解答

1. ①ゴシック体
　②明朝体
　③ローマン体
2. ①
3. サンセリフ体
4. スペーシング

5 ポスター

①ポスターについて☆☆☆

① ポスターとは

①**ポスター**…人々に**メッセージを伝える**ためのデザインの中で，最も代表的なもののひとつである。

②**ポスターの目的**…ポスターは，行事の日時や内容などの告知，マナーや倫理的な問題についての啓発など，作成にあたっての**基本的な目的（＝テーマ）**にそって作られる。

③**キャッチコピー**…ポスターや広告などにおいて，伝えたい内容を簡潔な言葉で表現したもの。

②ポスター制作の流れ☆☆☆

① ポスター制作の流れ

①**テーマの決定**…ポスターで伝えたい内容を決める。

②**アイデアスケッチの作成**…テーマにそってイメージを膨らませ，描きたいモチーフを組み合わせて画面を構成する。訴えたい内容が一目で伝わるように情報を精査し，**簡潔なデザイン**を心がけることが重要。

③**キャッチコピーの考案**…短く簡潔で，印象に残る言葉にする。

④**構図や配色の決定**…訴えたい内容がより簡潔に伝わるよう，テーマを強調できる構図や効果的な配色を考える。
→遠近法や平面構成，レタリングで学んだ技術を積極的に活用するとよい。

⑤**彩色と仕上げ**…全体のバランスをよく考えながら，伝えたい
→薄い色から濃い色の順で塗る。
内容を目立たせるよう工夫する。

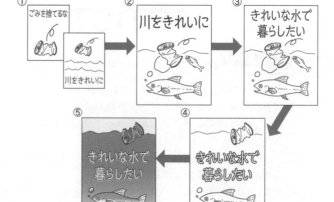

参考　みんなに伝わるポスターを作るには

自分の描きたいことを自由に表現できる絵画などの作品と，ポスターとの大きな違いは，テーマが誰にでもわかりやすく正確に伝わるかどうかである。

ポスターのデザインをするときには，自分一人の考えだけでなく，友人や家族などにアイデアを見てもらい，意見を聞くことも大切である。

身近にはどんなポスターがあるかな。

① ポスターの目的や制作の流れについてまとめよう。
② ポスターの意義や制作の手順を確認しよう。
③ ピクトグラムの特徴を理解しよう。

③ ピクトグラム
☆☆☆

① ピクトグラム…文字に変わって情報を伝達する視覚記号（サイン）。

人々に情報を伝える手段の中でも，最も直観的な方法であり，見るだけで簡単にメッセージを理解できる。

② ピクトグラムの特徴

→赤…禁止・警告・非常，黄…注意・危険，緑…安全というように，色でも示している。

①視覚化…言葉の通じない外国の人や小さな子どもなど，誰でも理解しやすいように，情報を視覚化している。

②図案化…情報が瞬時に伝わるように，直観的な印象を大切にしながら，できるだけ単純にデザインされたものが多い。

③場　所…駅や空港，病院や公園などの公共の場で活用されている。

④国際的規格…非常口や車いすのマークなどは国際的規格である。

③ 身近なピクトグラムの例

①身障者用施設

②お手洗い

③鉄道／鉄道駅

④非常口

⑤くず入れ

⑥さわるな

参考　ピクトグラムについて①

公共施設にはほとんど必ず表示されている非常口マークは，もともと日本で考案されたもので，現在では国際規格となて世界中で用いられている。

参考　ピクトグラムについて②

ピクトグラムには，絵文字の他，アルファベットや抽象的な図柄が用いられることもある。Parkingの「P」は駐車場，informationの「i」は案内所や情報コーナーを示すマークとして，国際的に用いられている。また，注意を促す感嘆符「！」やＳＯＳなどの文字も，ピクトグラムに用いられることがある。

美術

テストに出る 要点チェック ✓

☐ 1．ポスターが伝えるものを何といいますか。
☐ 2．ポスター制作について，正しいものをすべて選びましょう。
　ア　文字は用いず，直観的に伝わる図柄で表現する。
　イ　書体やイラスト，背景や配色など，全体のバランスをよく考えながら画面を構成していく。
　ウ　キャッチコピーはなるべく短く簡潔になるよう考える。
　エ　彩色はなるべく目立つ原色を使うようにする。
☐ 3．非常口マークや車いすマークのように，文字ではなく視覚的な記号で示すサインのことを何といいますか。

解答
1．メッセージ
2．イ，ウ
3．ピクトグラム

6 土・石で制作する

1 粘土で制作する☆☆☆

参考 **用 具**

　粘土は，表面に色々な形の文様をつけたり穴を空けたり，切ったり削ったりするための道具を用いることで，より多彩な表現が可能になる。専用の道具だけでなく，鉛筆，クッキー型，縄など，身近な物を工夫して使っても面白い表現ができる。

へら

かきべら

切り弓

切り糸

① 焼き物…粘土を使って形を作り上げ，焼成したもののこと。

・焼き物の制作過程

A．採　土…原料にする土を採取する。土地によって，取れる土の性質は異なる。

B．土練り…土を練って，粘土の空気を抜く。

C．成　形…粘土の厚みが均一になるように気をつけながら成形する。

D．加　飾…模様を入れたり，装飾をしたりする。

E．乾　燥…日の当たらない，風のない室内で約1週間，乾燥させる。

F．素焼き…750 〜 850℃の温度で約6時間焼成する。

G．施　釉：素焼きした作品の上から釉薬をかける。

H．焼　成：1200 〜 1300℃の温度で焼成する。釉薬が溶け，素地が焼きしめられる。

参考 **レリーフの種類**

　平面に浮き出た半立体の浮彫りによる表現を**レリーフ**という。

・高肉彫り…高く盛り上げて半立体のように彫ったもの。

・薄肉彫り…凹凸が少なく，薄く彫ったもの。

・中肉彫り…上2つの中間の，普通の彫り方。

・肉合彫り…彫る面をくぼませ，表面の高さが一番高くなる彫り方。

② 人物をつくる

・制作過程

A．題材を決め，スケッチして作品の構想を立てる。

B．土台の上に，針金や木で骨組みを作り，固定する。

C．骨組みに麻ひもやしゅろ縄を巻きつける。

D．粘土を骨組みにしっかりと絡ませるようにしながらあらづけをする。

E．全体を見てバランスを取りながら，内側から外側へと肉づけしていく。

F．へらなどで細部を仕上げる。

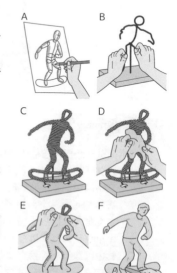

① 粘土による制作の手順を理解しよう。
② 石による制作の手順を理解しよう。
③ 粘土や石による制作に用いる用具の名前や使い方を覚えよう。

②石で制作する ☆☆

参考用具
・**ケレンハンマー**…大まかに削る。
・**木槌**…たがねを使うとき、上からたたくのに用いる。
・**たがね**…木槌でたたいて削るのに用いる。
・**やすり**…さまざまな粗さや、形があり、平面や細部を整える。
・**耐水ペーパー**…滑らかな表面をつくる。

ケレンハンマー
木槌
たがね
木工やすり
棒やすり
耐水ペーパー

① 彫　造…外側から内側へ作りあげていく。

①**彫　造**…石や木などの素材をもとに、削ったり彫ったりして作品を作り出す技法。

②**特　徴**…一度削ったあとは元に戻せない。
→**計画的な構想や慎重な作業**が必要となる。

③**石彫の制作過程**→保護メガネやマスクで体を守る。

A．材料の形を見ながら**底面になる部分**を決め、金属用のこぎりや粗い**木工やすり**で平らに整える。

B．彫り出す形を示すため材料に**デッサン**を入れる。

C．**ケレンハンマーやたがね**を使って大まかに彫る。彫り残した部分はデッサンを補いながら彫り進める。

D．**彫刻刀**（石彫用）や木工やすりなどで細部を彫る。

E．サンドペーパーで表面や細部を磨き、全体の形を整える。

F．**耐水ペーパー**を使って水の中で磨いて、つやのある滑らかな表面にして完成。

美術

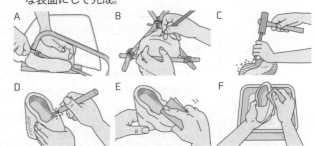

テストに出る 要点チェック ✓

解答

☐ 1．粘土を材料として形を作り、焼成したものを何といいますか。

☐ 2．素焼きの温度は約何度ですか。

☐ 3．釉薬をかける工程のことを何といいますか。

☐ 4．石や木を彫ったり削ったりして外側から内側へと作品を彫りあげていく技法を何といいますか。

☐ 5．石彫で、底を作ったあと彫り出す前にすることは何ですか。

1．焼き物
2．750〜850℃
3．施釉
4．彫造
5．材料にデッサンを描く

木 で 制 作 す る

1 彫刻刀の種類と技法☆☆☆

① 彫刻刀の種類…木版画や木彫による工芸品の制作に用いる彫刻刀の主な種類は次の5種で，用途により使い分ける。

		形	断面／彫り跡
丸刀 （まるとう）	太い線や広い面を彫るのに向いている。彫り跡は曲線的でやわらかな印象になる。		
小丸刀 （こまるとう）	細い丸刀で，曲線的な細かい表現ができる。		
切り出し刀 （きりだしとう）	輪郭を取る際に切り込みを入れたり，鋭い印象の線を描いたりするときに用いる。		
平刀 （ひらとう）	広い面積を削り取ることができる他，寝かせて彫ることでぼかしの表現にも用いる。→刃裏を上に向けて使用する。		
三角刀 （さんかくとう）	細く鋭い線を彫ることができる。刃先の方向を変えることで，さまざまな表情の彫り跡が表現できる。		

② 木彫の技法…木彫やレリーフの作成では，彫刻刀や彫り方の組み合わせで模様を作る次のような技法がある。

① **片切り彫り**…切り出し刀で切り込みを入れ，丸刀や三角刀を用いて反対側から彫り溝を作る。

② **薬研彫り**…切り出し刀で切り込んだあと，両側から彫り溝を作る。→溝はV字になる。

③ **菱合い彫り（菱彫り）**…片切り彫りや薬研彫りを平行させ，間に山形に盛り上がった線模様の浮き彫りを作る。

④ **かまぼこ彫り**…菱彫りの角を取り，かまぼこ状の浮き彫りを作る。

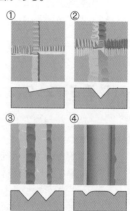

参考 **正しく安全に彫刻刀を用いるために**

彫刻刀を用いるときは，次の点に気をつけて安全に作業する。

①彫る材料が動かないよう固定させる。

②材料を押さえる手や指は，刃先の向かう方向に置かないよう注意する。

③使用する彫刻刀は切れ味のよい方が安全に作業できる。

④刀の角度は，木の面に対して深く立てず浅めに持つ。

◆彫刻刀の安全な使い方
そえる手は刃先に置かない

材料は固定する
浅い角度で持つ

切れ味のよい刀を使う

得点アップ

① 彫刻刀の種類と彫り跡についてまとめよう。
② 木彫の主な技法の名前と方法を覚えよう。
③ 木版画の種類と，道具や手順について復習しよう。

2 木版画 ☆☆☆

参考　陽刻と陰刻

白い紙に黒いインクで刷る場合，陽刻はおもに白く，陰刻は黒く仕上がるが，黒や濃い色の用紙に多彩な色のインクを使って刷ることで，仕上がりの印象を変えることができる。同様の方法は一版多色木版画にもよく用いられる。

参考　木版画の用具

より本格的な木版画では，油性インクをローラーで版木に乗せて刷りあげる方法もある。

◆木版画の用具

ばれん　　油性インク

ローラー

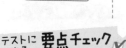
インク練り台

① 彫りの技法と木版画の種類

①彫りの技法

・**陽刻**…輪郭線を残し周囲を彫る方法。背景は白くなる。
・**陰刻**…輪郭線を彫る方法。黒い背景に輪郭が白く浮き上がる。

陽刻

陰刻

②木版画の種類

・**一版多色木版画**…1枚の版に多色の絵の具を乗せて刷る方法。彫った部分は白く残る。
・**単色木版画**…1枚の版に1色の絵の具を乗せて刷る方法。彫った部分は白く残る。

② 木版画による葉書の制作過程

A．刷りあがりと同じ大きさで下絵を描く。
B．下絵にトレーシングペーパーを重ね，写し取る。
C．版木の上にカーボン紙を挟み，Bのトレーシングペーパーを使って下絵を写す。
→版画では刷り上がりが逆向きになるためである。
D．版木が彫りあがったら絵の具を塗り，葉書を乗せて固定し，ばれんでこする。
E．刷りあがったら静かにはがす。
F．あとから着色するのもよい。

A

B

C

D

E

F

美術

テストに出る **要点チェック** ✓

解答

- □ 1．木彫の彫刻刀のうち，輪郭を取るときに切り込みを入れるのに適した刀の名前を答えましょう。
- □ 2．平刀は，刃の表と裏のどちらを上にして使いますか。
- □ 3．彫りあがりがV字の溝のようになる彫り方は何ですか。
- □ 4．①輪郭を彫り，白く抜いたように刷りあげる彫り方，②輪郭を残し周りを彫る彫り方をそれぞれ何といいますか。
- □ 5．木版画を刷るとき，紙を裏からこするための道具は何ですか。

1．切り出し刀
2．刃裏
3．薬研彫り
4．①陰刻
　　②陽刻
5．ばれん

8 金属で制作する

1 金属でつくるための用具☆☆☆

参考　伝統工芸と金属

金属は，生活の中でも道具として利用されているが，日本の伝統工芸の中にも金属を素材にしたものが数多くある。針金を六角形にねじり合わせた亀甲編みなどの伝統的な京都の金網細工は，繊細な金網が焼き網やざる，茶こしなどの日用品に利用されている。岩手県の南部鉄器，大阪の浪華錫器など，金属を用いた伝統工芸が今も受け継がれている。

① 金属加工の用具

①ペンチ…針金を切ったり曲げたりする。通常のペンチの他，先が細いラジオペンチがある。

②金のこ…片手で柄を握り，もう一方の手で枠を握って押し出すようにしながら金属を切る。

③いもづち…木製と金属製があり，素材の金属板を油粘土や砂袋の上に置いてたたくことで，曲面を打ち出すのに用いる。

④たがね…さまざまな太さや形があり，つちでたたきながら輪郭線を出したり，表面を加工したりするために用いる。

⑤金切ばさみ…金属板を切る。用途により刃先の形に種類がある。

◆金属加工の用具

①ペンチ・ラジオペンチ

②金のこ

③いもづち　　④たがね

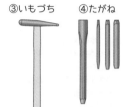

⑤金切ばさみ

2 銅版画☆☆☆

参考　版の種類

凸版

凹版

平版

孔版

① 銅版画

①ドライポイント（直接法）…金属の針で銅板を彫る。版を彫ったときにその周りに「まくれ」ができる。ドライポイントの特徴であるにじんだような線は，この「まくれ」が原因である。

②エッチング（間接法）…銅板に防触膜を塗る。ニードルで描画すると防触膜がはがれ，銅板部分が露出する。その銅板部分を腐食液に入れて描画した部分を腐食し，インクをつめる。

まくれ

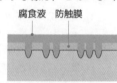

腐食液　防触膜

得点アップUP

① 金属での制作で使用する道具の名前と用途を覚えよう。
② 針金の特徴や，制作にあたっての注意をチェックしよう。
③ 金属板での制作の道具や技法についてまとめよう。

③ 金属板☆☆☆

参考 素材としての金属の魅力

金属板は硬くて耐久性があり，独特の光沢と重量感をもった材質である。加工には力が必要だったり，特別な用具を用いたり，安全に気をつけたりする必要がある。

参考 アルミニウム缶を利用した作品制作

アルミニウムの缶は，とてもやわらかく加工しやすい。スプーンなどの身近な道具を使って簡単に曲げたり形作ったりすることができる。

① 金属の切断…金切ばさみを用いる。

・金切ばさみの種類…金属板での制作で用いられる金切ばさみには，用途により次のような種類がある。

① 直刃…金属板を直線に切るときに用いる。刃先はまっすぐ。

② 柳刃…曲線に切るときに用いる。刃先が横に曲がっている。

③ えぐり刃…金属板に穴をあけるときに用いる。刃先がえぐるように急な角度で曲がっている。

	直 刃	柳 刃	えぐり刃
全体の形状			
刃先の形			

② 金属板による制作の技法

① 針打ち…たがねを使い，輪郭線を少しずつ打ち出す。
→細いものが主に用いられる。

② 打ち出し…砂袋や油粘土の上に板を置き，いもづちでたたいて丸みをつける。

③ たがねによる表面加工…さまざまな種類のたがねを用い，表面に模様を打ち出す。

④ 板を曲げる…折り台の角やパイプなどに巻きつけ，打ち木で打って板を曲げる。

①針打ち　②打ち出し

③たがねによる表面加工

④板を曲げる

美術

テストに出る 要点チェック✓

☐ 1. 針金による制作で，特に細かい部分の加工に使うときに用いる先の細いペンチを何といいますか。

☐ 2. 腐食液を用いる銅版画の描画法を何といいますか。

☐ 3. 金切ばさみの刃の形を3つ答えましょう。

☐ 4. 金属板による制作で，板の表面に模様などを打ち出して加工するための道具を何といいますか。

☐ 5. 4.の道具を用いて輪郭を打ち出す技法を何といいますか。

解答

1. ラジオペンチ
2. エッチング
3. 直刃，柳刃，えぐり刃
4. たがね
5. 針打ち

9 日本の伝統美術

図でまとめよう ◆浮世絵の制作過程

下絵

版木に裏返しに貼る。

色をつけない部分をすべて除く。

絵師が指定した紙をもとに彫る。

色別の版が彫られる。

ずれないように刷る。

1 浮世絵☆☆☆

参考 海を渡った浮世絵

浮世絵は，江戸時代に流行し，多くの優れた作品が生み出された。葛飾北斎の「富嶽三十六景」など，大胆な構図や輪郭のはっきりした独特の表現が特徴である。その表現は当時のヨーロッパの芸術にも影響を与えた。**ゴッホやゴーギャン**などの印象派の画家たちにはそれが顕著であり，ゴッホには浮世絵を模写した作品もある。

1 浮世絵の作業工程

依頼	①版元が人々に向けて販売する浮世絵の構想を立て，職人に制作を依頼する。
下絵	②絵師は，墨1色の輪郭による下絵を描き彫師に渡す。
彫り	③彫師は下絵を版木の上に裏返しに貼りつけ，小刀を使って色を乗せる部分をすべて残した主版を彫る。彫りあがったら，主版を使って数枚の単色の作品を刷り，絵師に戻す。 ④絵師は数枚の紙にそれぞれ残したい部分を朱で塗って色版の元を作り，再び彫師に渡す。 ⑤彫師は色版の元となる数枚の紙をそれぞれ裏返しにして版木に貼り，複数に分かれた色版を彫りあげる。
刷り	⑥彫りあがった色版を，摺師がずれないよう慎重に1枚ずつ重ねて刷っていき，**多色刷り**に仕上げる。

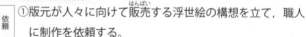

- 絵師…墨で下絵を描いたり，多色刷りの色を決めたりする。

- 彫師…絵師からの指示により，版木を彫る。

- 摺師…彫師が彫った複数の版木を使って多色に刷る。

得点アップUP

① 浮世絵の制作手順と，携わる職人の役割をまとめよう。
② 水墨画の技法を理解し，代表的な作品を覚えよう。
③ 日本の代表的な伝統模様を覚えよう。

2 水墨画☆☆☆

① 水墨画

①歴　史…中国発祥。鎌倉時代に日本に伝わった絵画の技法。

②特　徴…もともとは山水画の技法であったが，次第に人物や
自然の生物などの題材を扱うようになる。禅宗の広がりとともに精神性を重んじる絵画として発達した。

③水墨画の技法…墨1色による無彩色での技法。

・付け立て…水を含ませた筆の先に墨をつけて描く技法。グラデーションが表現できる。

・破墨…紙を水で濡らしてから墨を置く技法。にじみの表現ができる。

・渇墨…乾いた筆に少量の濃い墨をつけてこすりつける技法。かすれの表現ができる。

水墨画の作品は教科書で確認しよう。

付け立て

破墨

渇墨

美術

3 さまざまな模様☆☆

① 模様の例

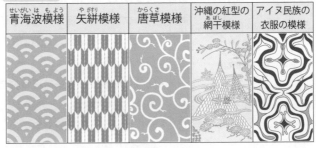

青海波模様	矢絣模様	唐草模様	沖縄の紅型の網干模様	アイヌ民族の衣服の模様

テストに出る 要点チェック✓

☐ 1．江戸時代に流行し，複数の職人の手を経て刷りあげられ，人々の間で楽しまれた木版画を何といいますか。

☐ 2．1．で，①下絵を描く職人，②版木を彫る職人，③版画を刷りあげて完成させる職人をそれぞれ何といいますか。

☐ 3．水墨画はもともと，どんな絵を描くのが主流でしたか。

☐ 4．濡れた紙で墨をにじませる水墨画の技法は何ですか。

解答
1．浮世絵
2．①絵師　②彫師　③摺師
3．山水画
4．破墨

日本の美術史

1 日本の美術史
☆☆☆

	特　徴	作品例
縄文時代	・宗教儀式などに用いられていたとされる土偶が作られた。 ・縄の目で文様をつけられた縄文式土器が日常生活で使われた。	◆立像土偶－縄文時代 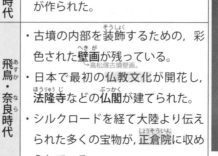
弥生時代	・繊細な文様と洗練された形の弥生式土器が作られた。 ・青銅を鋳型に流して作られた釣鐘型の銅鐸が出土している。	
古墳時代	・人物や動物などをかたどった埴輪が作られた。	
飛鳥・奈良時代	・古墳の内部を装飾するための，彩色された壁画が残っている。 高松塚古墳壁画。 ・日本で最初の仏教文化が開花し，法隆寺などの仏閣が建てられた。 ・シルクロードを経て大陸より伝えられた多くの宝物が，正倉院に収められている。	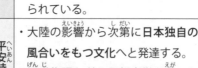 ◆阿修羅像・奈良時代
平安時代	・大陸の影響から次第に日本独自の風合いをもつ文化へと発達する。 ・源氏物語などの王朝文学を描いた絵巻物が盛んに作られた。	◆東大寺の南大門金剛力士像（阿形）－鎌倉時代 
鎌倉時代	・文化の中心が，皇族や貴族から武家社会へと移る。 ・似絵と呼ばれる武士の肖像画が盛んに描かれた。 ・運慶，快慶らにより東大寺南大門の金剛力士像が作られた。	

参考　大陸との交流と仏教の時代

飛鳥時代や奈良時代の日本では，大陸との文化交流が盛んに行われていた。大陸よりもたらされた仏教の教えを始め，シルクロードとの色濃いつながりを示す正倉院の宝物や，雅楽，舞楽などの音楽や芸能など，当時の日本の芸能，文化や美術品には，大陸の文化の影響が多く見られる。こうした大陸文化の色彩が消え，日本独自の国風文化が生まれたのは平安時代に入ってからのことである。

参考 短い期間に花開いた桃山文化

安土・桃山時代は，半世紀にも満たない短い時代だったが，日本の文化や芸術の歴史にとって大変重要な時代である。戦国時代らしく数々の城郭が建てられ，その室内を飾るために豪華な屏風などの障壁画が数多く描かれた。千利休によって確立された茶道からもまた，日本独特のわび，さびという美意識が生まれた。「松林図屏風」の長谷川等伯や，「唐獅子図屏風」の狩野永徳などもこの時代に活躍した。これらは後の世の日本の文化に大きな影響を与えることとなる。

	特 徴	作品例
室町・安土桃山時代	・雪舟らによる水墨画。 （秋冬山水図） ・雅やかな北山文化と，わび，さびを重んじる東山文化のそれぞれを代表する鹿苑寺（金閣）と銀閣寺の建立。 ・茶道が生まれ，造園が発達する。 ・姫路城などの城郭が建てられる。	 ◆三世大谷鬼次の奴江戸兵衛 （東洲斎写楽）－江戸時代
江戸時代	・庶民文化が栄え浮世絵が流行する。 ・陶器や漆器など工芸も盛んになる。 ・尾形光琳ら琳派の絵画が栄える。 ・西洋文化が入り出すと，透視図法や陰影法を試みた作品も現れる。	
明治時代	・高橋由一，黒田清輝など，西洋美術を志す美術家が数多く現れる。 ・横山大観ら，日本画の大家の活躍。	
近代・現代	・雑誌「白樺」に象徴される耽美的な西洋文化，美術の流れ。 （ロダンやセザンヌなど，ヨーロッパ美術を紹介。） ・昭和の始め頃から戦中の弾圧時代を経て，現代はより自由な幅広い表現による多様な作品が生み出されている。→漫画やCGなどの発展。	

美術

テストに出る 要点チェック ✓

□ 1. 縄文時代に盛んに作られ，宗教的な儀式に使われたとされる人型の像を何といいますか。

□ 2. 飛鳥・奈良時代に大陸より伝わり，日本の文化に大きな影響を与えた宗教は何ですか。

□ 3. 日本独自の国風文化が芽生えたのは何時代ですか。

□ 4. 文化の担い手が貴族から武家へ移ったのは何時代ですか。

□ 5. 美術品が庶民の手に届くようになったのは何時代ですか。またこの時代に盛んに刷られた版画を何といいますか。

解答

1. 土偶

2. 仏教

3. 平安時代

4. 鎌倉時代

5. 江戸時代
　浮世絵

世界の美術史

① 世界の美術史

☆☆☆

参考 **法隆寺にみられるヨーロッパからの影響**

日本の文化にまだ大陸からの影響が色濃かった時代，法隆寺の回廊の柱には，エンタシス様式が採用された。これは古代ギリシャのパルテノン神殿の柱にも用いられている。

また，この頃作られた日本の仏像は，アルカイックスマイルと呼ばれる薄い笑みを浮かべた表情をしている。これもまた発祥は古代ギリシャで，ミロのビーナスなどの彫像も同じアルカイックスマイルの表情をしている。

原始時代〜古代オリエント	・ラスコー洞窟の壁画（フランス） →紀元前1500年頃，クロマニョン人によって描かれた。 ・王妃ネフェルト・イティ胸像 （ネフェルティティ像）， ピラミッド，スフィンクス などの建造物（エジプト） ・武将俑（中国）	
古代ギリシャ・ローマ	・パルテノン神殿（ギリシャ） ・アフロディーテ（ミロのヴィーナス） →紀元前100年頃。　1820年頃ミロス島で発見。 （ギリシャ） ・サモトラケのニケ（ギリシャ） ・コロッセオ（イタリア） ・アウグストゥス立像（イタリア）	◆アフロディーテ
中世ヨーロッパ（5〜15世紀）	・シャルトル大聖堂（フランス） →美しき絵ガラスの聖母 ・ケルン大聖堂（ドイツ）など →壮大なゴシック様式の教会 　建築とステンドグラス。 ・アンコール・ワット（カンボジア） →クメール王朝に建立される。	
ルネサンス	・モナ・リザ，最後の晩餐 （レオナルド・ダ・ヴィンチ） ・ダヴィデ像，アダムの創造 （ミケランジェロ・ブォナローティ） ・大公の聖母，小椅子の聖母（ラファエロ・サンティ） ・春（サンドロ・ボッティチェリ） ・古典復帰運動…14〜16世紀頃，ヨーロッパで起きた。 →中世の神聖さ重視に対し，人間性回帰をうたった。	◆モナ・リザ

バロック	・キリスト降架（ピーテル・パウル・ルーベンス） ・真珠の耳飾りの少女 　　（ヨハネス・フェルメール） ・夜警（レンブラント・ファン・レイン） ・16〜18世紀，オランダやスペインで起こった宮廷を中心とする芸術文化。色彩豊かで華やかな作風が多い。
ロマン派・印象派・近代	・民衆を導く自由の女神 　　（ウジェーヌ・ドラクロア） ・睡蓮の池（クロード・モネ） ・アレアレアーよろこび 　　（ポール・ゴーギャン） ・グランド・ジャット島の日曜日の午後 　　（ジョルジュ・スーラ） ・印象派…戸外に出て，自然光の移りゆく美しさを探究し，光の色をそのままに表現しようと試みた。 →現在のようなチューブの絵の具が発明され，外での制作がしやすくなった。 ・叫び（エドヴァルド・ムンク） ・考える人（オーギュスト・ロダン） 　近代彫刻の父と呼ばれ，多くの有名な作品がある。
近代・現代	・アヴィニョンの娘たち，ゲルニカ 　　（パブロ・ピカソ → p.190） ・現実の感覚（ルネ・マグリット） →常識では考えられないイメージを描く。 ・記憶の固執（サルヴァドール・ダリ）

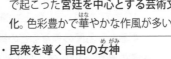

◆考える人

美術

発展 美術用語
・**新印象派**…印象派を発展させ，光を点に変えてとらえ表現する。
・**後期印象派**…印象派を発展させ，個性的な表現ををする。**ゴッホ，セザンヌ，ゴーギャン**などを指す。

テストに出る **要点チェック** ✓

□ 1. 古代ギリシャの建築様式で，シルクロードを経て，法隆寺の建造物にも影響を与えているのは何ですか。

□ 2. 宗教に強い影響を受け，神聖さを重んじた中世の文化のあとに生まれた，人間性を重視する運動は何ですか。

□ 3. 最後の晩餐を描いたのはだれですか。

□ 4. 室外の陽光の表現を試みた人々を何といいますか。

解答
1. エンタシス
2. ルネサンス
3. レオナルド・ダ・ヴィンチ
4. 印象派

12 ピカソとゲルニカ

① パブロ・ピカソの生い立ちと生涯

①生まれ…1881 年，スペインのアンダルシア州マラガで，美術教師だった父のもとに生まれる。

②学生時代…1892 年，ラ・コルーニャの美術学校に入学。めきめきと才能を現し，10 代半ばで多くの賞を受賞。

③ 16 歳でマドリードの王立美術学校に入学するが，自ら中退すると，名画の模写などの独学で美術を学び続けた。

④青の時代…1901 年，バルセロナでさまざまな絵の仕事をこなしながら，若い芸術家どうしの交流を深めていたピカソだったが，この年に親友の自殺があって以降，社会の底辺に暮らす貧しい人々を題材に，悲しみに満ちた青い色彩の作品を描くようになる。→「青」で，不安や悲しみ，絶望を表現しようとした。

⑤バラ色の時代…1905 年，24 歳になったピカソは恋人の存在を心の安定として，バラ色を基調にした暖かな色彩の絵を描くようになる。モデルの人物も，身近な人々やサーカスの芸人，俳優などで，明るく華やかな世界が描かれた。

⑥アフリカ彫刻の時代…1907 年，アフリカの彫刻を見て衝撃を受け，写実にとらわれない前衛的な絵画を目指すようになる。この時期に，「アヴィニョンの娘たち」が描かれる。

⑦キュビズムの時代…1909 年頃〜対象をさまざまな角度から
〜絵画に登場する角張った木や建物をキューブとよんだことがキュビズムの語源となっている。
見て描くキュビズムの手法による作品をを多数描く。

⑧新古典主義の時代…1917 年〜やわらかいタッチで写実的で古典的な印象の人物画を描く。

⑨ゲルニカの時代…その後，シュルレアリスムの時代などを経て 1937 年，ナチスドイツのゲルニカ侵攻を受け，1 か月の短期間で大作「ゲルニカ」を描きあげる。この時代には，「泣く女」の絵も多数描かれた。

＊それまでに描いてきたさまざまな手法を自由に駆使しながら，91 歳で亡くなるまで意欲的に作品を作り続けた。

参考 フェルナンド・オリヴィエ
ピカソの作風をバラ色に変えた恋人。教養があり，精神的な安らぎを与え，ピカソに絵を描くように仕向けた。オリヴィエとは青の時代後期からバラの時代のおよそ 7 年間を共に過ごした。

参考 アンリ・マティス
（1869－1954 フランス）
ピカソと並んで 20 世紀を代表する芸術家。「色彩の魔術師」と呼ばれていた。

① ピカソの生涯について知ろう。
② ゲルニカが描かれた背景について理解しよう。
③ ゲルニカに描かれたさまざまなモチーフをよく見てみよう。

◆ゲルニカ／パブロ・ピカソ　1937　　　　　　　　　　ⓒ 2021-Succession Pablo Picasso-BCF （JAPAN）

美術

2 ゲルニカの背景
☆☆☆

**参考　ゲルニカのための
　　　　デッサン**

デッサンにたびたび登場する馬は、「普段はおとなしいが何かのきっかけで命を落とすことがある。このようなことは人間にも起こりうる」ことを表現していると考えられる。

1 きっかけ

① パリ万国博のスペイン館を飾る**壁画**の制作依頼。

② 1937 年ナチスドイツによるゲルニカを無差別爆撃。
　　　　　　　　　　　　　　　↳ピカソの祖国であるスペインの都市。
　　多くの一般市民が犠牲になる悲劇が起こる。→ピカソは心を痛め，当初考えていたテーマから一変した，**怒りと悲しみ**に満ちた**抗議**の作品を描きあげた。

2 制作にあたって

① ピカソは多くの試作を残している。心の憤りをただ感情的にぶつけるのではなく，人々により**深くメッセージを伝える**ために，冷静に試行錯誤を繰り返していた様子がうかがえる。

② 「泣く女」，「馬」など，ピカソが好んで描いたモチーフも描き込まれている。

テストに出る　要点チェック ✓

☐ 1．ピカソの出身国名を答えましょう。

☐ 2．青の時代になったきっかけは何ですか。

☐ 3．ピカソの描いた絵画のうち，立体をさまざまな方向から見たように描く手法を何といいますか。

☐ 4．「ゲルニカ」とは何のことですか。
　　　ア 人名　　イ 地名　　ウ 戦争　　エ ナチスドイツ

解答
1．スペイン
2．親友の死
3．キュビズム
4．イ

装丁デザイン　ブックデザイン研究所
本文デザイン　A.S.T DESIGN
　図　版　ユニックス

写真提供・協力一覧（敬称略）
茅野市尖石縄文考古館　　　　　興福寺／飛鳥園
東大寺／公益財団法人美術院　　ROGER_VIOLLET
東京国立博物館所蔵、Image:TNM Image Archives
Bridgeman Images／時事通信フォト

「P-140」
EDELWEISS
Lyrics by Oscar Hammerstein Ⅱ
Music by Richard Rodgers
©1959 by Richard Rodgers and Oscar Hammerstein Ⅱ
Copyright Renewed
WILLIAMSON MUSIC owner of publication and allied rights throughout the world
International Copyright Secured All Rights Reserved

JASRAC 出 2102866-101

中学 実技4科の総まとめ

編著者	中学教育研究会	発行所	受験研究社
発行者	岡　本　明　剛	©株式会社	増進堂・受験研究社

〒550-0013 大阪市西区新町 2―19―15
注文・不良品などについて：(06) 6532-1581(代表)／本の内容について：(06) 6532-1586(編集)

注意 本書を無断で複写・複製(電子化を含む)
して使用すると著作権法違反となります。　　Printed in Japan　　ユニックス(印刷)・高廣製本
落丁・乱丁本はお取り替えします。